让孩子脱颖而出

孙云晓　卢勤　等著

上海三联书店

图书在版编目（CIP）数据

让孩子脱颖而出／孙云晓、卢勤等著.
—上海：上海三联书店，2011.9
ISBN 978-7-5426-3632-4

Ⅰ.①名… Ⅱ.①孙… ②卢… Ⅲ.①家庭教育 Ⅳ.①G78

中国版本图书馆CIP数据核字（2011）第156508号

让孩子脱颖而出

著　　者：	孙云晓　卢勤 等
策　　划：	董保军　张天罡
责任编辑：	叶　庆
特约编辑：	萧　虹
版式设计：	姜晓宁
出版发行：	上海三联书店
	（201199）中国上海都市路4855号2座
印　　刷：	三河市祥达印刷包装有限公司
版　　次：	2018年1月第2版
印　　次：	2019年3月第3次印刷
开　　本：	720×1020毫米　1/16
字　　数：	180千字
印　　张：	16

ISBN 978-7-5426-3632-4/G.1165

定价：45.00元

C目录 ontents

学习做父母

柴洁心

著名家庭教育专家,《家庭教育报》原常务副主编,"洁心家教热线"主持人,多家青少年、妇女工作研究单位顾问。

今天我们如何做父母

◇ 柴洁心

我是一名家庭教育工作者，搞了 20 多年的家庭教育。但是对于我来说还有一个更重要的身份，那就是我是一名家长，今天我特别要把自己的这一重要身份再强调一下，我和在座的所有家长一样是妈妈是家长。

有的时候我就想人是要退休的，退休后就没有任何职务了，不管你原来做多大的官当多大的领导，退休了这些职务都成为历史。但唯独有一个职务是永远无法退休的，那就是母亲是家长。有时我想包括我将来去世了，孩子填表时仍旧要写上"母亲：柴洁心"，至多在后面画个括号写上"已故"。

我搞了 20 多年的家庭教育，我家的电话始终是全国家长心目中的一条热线，包括海外的家长。这部电话把我和全国各地的家长联系在一起。

今天当家长真的挺难

我有一个很深的体会，那就是今天当家长真的挺难的。有一次一个家长打电话对我说："柴阿姨，昨天我很困惑。我的小孩上一年级，特别淘气，我经常被老师请去训话。昨天我又被老师请去又被老师训了一顿，我非常恼火，我对孩子说'你怎么这么没记性，一天到晚给爸爸找麻烦，爸爸一天到晚容易吗'？"说着把孩子拽过来打了他屁股一下，没想到孩子跑到电话旁边拨110报警。这个爸爸说："我小时候也挨打，我觉得爸爸打我是天经地义的，今天我当了爸爸，我打我儿子他就敢报警，还说我触犯了未成年人保护法。"他很困惑。

我还曾经接到一个中学生家长的电话，这位家长在电话里面对我说："柴阿姨，我现在非常痛苦。我的女儿上小学时非常好，是班里的干部，学习很优秀，考上了一个很好的中学，现在上初中二年级。后来我们发现女儿交了一个比她大几岁的男朋友，我们采取了各种办法，也打了也骂了也盯梢了也天天接送了也让她写保证也让她列出几条。最近一段时间感觉好多了，女儿自己一个人关在屋子里好像在学习。昨天我回到家以后孩子把饭菜都做好了，我们很高兴，以为孩子转变过来了。吃完饭以后我们觉得有点困，孩子说妈妈爸爸累了早点休息吧，我们觉得真的累了就早点休息了，没想到是孩子在饭里面放上了蒙汗药把我们两个人蒙汗过去，晚上我们睡着以后她男朋友到家把东西拿走了，两个人跑了。"结果这个孩子出走未遂被截回来了，这个家长非常苦恼，她说："我怎么就养了这么一个女儿？这个女儿几年的时间怎么变化这么大？居然用这样一种方式对待我！"她想不明白。在我和家长接触的过程中，我感觉今天当家长真的和以前不一样，有的家长甚至拉着我的手说："我们就一个孩子，成功了是100%的成功，失败了就是100%的失败。"

在我和家长接触的过程中，我还有一个体会，就是不同年龄段的孩子，他们的家长有不同的困惑有不同的问题。比如幼儿的家长拿起电话来，问的多是如下问题：我的孩子吃奶粉，用哪个品牌的好？我的孩子 8 个月怎么还不长牙呀？我的孩子 1 个月为何一两分量都没长呀？我的小孩 3 岁了，送什么样的幼儿园合适呀？我的小孩 4 岁了，学什么特长好呢？在和幼儿家长接触过程中，我感觉家长都有一种很热切的期盼，在提问题的过程中透着喜悦。

我接触的小学生家长是为数最多的，小学生家长常常会提这样一些问题：小孩磨磨蹭蹭怎么办？小孩马马虎虎怎么办，不是不会但一做就错？我的孩子是不是有多动症呀，上课老有小动作？我的小孩太任性了怎么办？我的孩子说谎怎么办？我的孩子爱花钱甚至可以从我家拿几千元钱自己消费怎么办？在接触小学生家长的时候，我感觉家长都少了一点喜悦多了一点焦虑。

我接待的中学生家长从人数上来说要比小学生家长少一点，但我可以告诉在座的各位朋友们，在我所接待的中学生家长中，当拿起电话我告诉他"你好，我是柴洁心"的时候，不哭的比较少。困扰中学生家长的常常是这样几个问题：1. 我的孩子越大越不听话，我们无法沟通怎么办？2. 我的孩子死活不愿意读书了怎么办？3. 我的孩子早恋了怎么办？4. 我的孩子进入网吧不能自拔，网络成瘾了怎么办？

从几年之前我就在社会上呼吁要重视网络的问题，探讨如何净化网络环境。在我和家长的接触中，我真的感觉到当我们的孩子一旦陷入这样一个环境中去以后，我们的家长真的很痛苦，我听过太多家长的哭声。

再有一个中学生家长的问题就是：我的孩子有了比较严重的心理障碍怎么办？我到浙江丽水，那年冬天杭州地区下了一场暴雪，比我们在北方看到的雪都大，顷刻之间满山都是白的，到晚上整座城市像披上了洁白的外衣。我正在宾馆里，有一个家长找我，说"柴阿姨，你能不能见见我的孩子"，我说"没有问题"，她说"我的孩子已经住了两个月的医院，她得了很严重的抑郁症"，我说"我是搞教育的不是搞心理的，我不会做心理治疗"，她说"没关系，您就见见她和她说说话"，我说"晚上我还有活动，如果孩子愿意，差不多9点钟时你带着孩子到宾馆来"。我们就这样约好了，晚上当我回到宾馆等到9点时，不见妈妈和孩子上来。一会儿妈妈打电话说就在宾馆门口孩子死活不进去，我穿上棉大衣下去了，看见在像镜子一样光亮的马路上站着母女俩，妈妈拽孩子进去孩子死活不进去。看到我过去，母女俩都松手了，我赶紧跑过去一把把孩子搂在怀里，我拿我的脸贴着她冻得冰凉的脸什么话都没说就是使劲地搂着孩子，谁也没讲话，半天这孩子说："奶奶，我和你上去。"就这样我们进入宾馆，在宾馆谈了将近4个小时，妈妈一直坐在宾馆大堂等我们。孩子看见我第一句话说："奶奶，我不想活着，我就是想死，我已经死过多少次了。"我们都是做家长的，每当我接触这样的孩子的时候，我真的觉得很心疼，我们的家长很心疼。这是很多家长可能面临的一个问题。

中学生家长还有一个问题是：我的孩子有了各种犯罪迹象怎么办？现在中学生或者青少年或者未成年人犯罪的问题已经引起了全社会的重视，现在孩子的犯罪已经具有了这样几个特点：1. 犯罪年龄低龄化。2. 犯罪手段成人化。3. 团伙作案。4. 恶性案件呈上升趋势。5. 女性犯罪呈上升趋势。6. 性犯罪呈上升趋势。我看过一个材料，有的孩子初次犯罪时只有7岁。我还看过一个材料，在西安有一个几十人的少年犯罪团伙，从组建到破获几个月的时间，成了威震一方的恶势力，无恶不作。我们都是家长，我也是家长，我们一句大话都不要说，不说孩子出现了犯罪的迹象，给我们的国家给我们的民族带来多少危害，我们不谈这些。当孩子降生，我们含辛茹苦把孩子养大，孩子从会说话到进入小学到长大，孩子突然出现这样那样的问题，最难过最痛不欲生的是我们。

在柴阿姨的心里，在近20年家庭教育的过程中，我感觉是，有了孩子喜得慌。早晨听到市区鞭炮声不断，不知道今天有多少新人喜结良缘，一两年之后将迎接小生命的诞生，小生命的诞生给家庭带来很多快乐和幸福，我们作为家长对小生命寄予了很高的期盼，我们盼着孩子慢慢长大，我们为孩子付出了心血付出了辛苦，有了孩子喜得慌。孩子上了小学家长累得慌，每天得接得送，要听写要检查作业，要做很多事情，要被老师请去训话，要为孩子成绩不好着急。小学生家长是最累的。当孩子进入中学，眼瞅着孩子长大的时候，家长提心吊胆唯恐孩子在青春期出现这样那样的问题。从我内心来说，我真的希望跟全国各地的家长有更广泛地接触，柴阿姨愿意把自己这么多年听到的看到的想到的体会到的研究到的一些有关家庭教育的知识告诉给家长朋友们，使我们的家长多一分成功的喜悦少一分失败的痛苦，这是我这个快70岁的人还在这个领域乐此不疲的原因所在。今天在这么短的时间里，给家长提几点建议供家长朋友参考。

今天当家长是要学习的

可能在座的年轻爸爸妈妈们的父母在教育你们的时候没有学过家庭教育的知识，那时候也没有家庭教育学这个说法。从1988年开始有了家庭教育学，是北师大教育系第一个开办了这样一个学科。以前我们凭着老一辈传给我们的经验教育孩子，那时候的孩子多，在家庭中形成了天然的儿童的群体，在群体中大家相互照顾相互学习，有很多东西可以自然而然地产生。那个时期社会上是一个声音，我的两个孩子都是生在文化大革命时期，他们出生的时候，我印象特别深的是整个社会就一个声音。孩子学唱的第一首歌是《东方红》，学会说的第一句话是"毛主席万岁"。有一次我抱着孩子有人问他："你妈妈平常都上哪上班？上班需要做什么呀？"他说不上来，那个人告诉他"妈妈上班是为人民服务"，他接受的就是这样一个声音的教育。

今天不一样，今天孩子接受的是多元文化的影响，我们可以听到各种各样的声音，可以看到各种各样的信息，教育环境不一样。随着社会的不断发展，给孩子的成长带来很多有利的因素，生活水平的提高为孩子的健康成长创造了很多条件，但也可以看到有这样那样的负面影响。

可能在座家长小的时候两个孩子发生矛盾时，顶多会说"我给你告诉你妈妈"或者"我给你告诉老师"。听听现在孩子的语言：小时候两个孩子发生矛盾就会说"我杀了你"、"我弄死你"，孩子打开电视看到太多恐怖的东西，从电视中学到太多这样的语言。在座的各位年轻的爸爸妈妈从多大开始谈恋爱？到什么程度才说"我爱你"？对性知识有多少了解？现在孩子处在一个和以前完全不同的时代，孩子接触太多这方面的东西。有一个家长告诉我："我的小儿子经常学习的时候摆弄东西，我一看是个小的贴画，拿起来看就是卡通画也没有在意。他上学去了，我再拿出卡通画来看了看，想起他经常拿打火机在下面烤，我也用打火机一烤，结果卡通画都变成裸体女人像。"还有一个家长说孩子买的铅笔躺着放在铅笔盒里上面是图像，但拿起铅笔一写图像身上穿的衣服就都掉下去了。就是这些污染，让我们的家长有防不胜防的感觉。

基于各种情况，今天的家长如何把孩子培养成材？如何让孩子将来能在社会上立足？如何让孩子将来过得比我们好？这是每一位当家长的心愿，为此家长愿意学一些家庭教育的基本知识。

今天柴阿姨就一个话题简单和家长做一点介绍，作为家长要不断地更新自己的认识，了解不同年龄段孩子的生理心理特点，从而才能采取相应的教育手段。我的意思是家庭教育的方法绝对不能一成不变，有的孩子告诉我："柴奶奶，我爸爸妈妈教育我，从小到我这么大不外乎说这样三句话：第一句是乖，第二句是听话，第三句是好好学习，我小的时候我爸爸妈妈对我和言悦色，会说'孩子乖，孩子听话，孩子长大后要好好学习'，我上小学语调就变粗变高了，'怎么不乖呀，怎么这么不听话，怎么不知道好好学习呀'。"这是家长教育失误的重要原因之一。

1. 学前阶段

学前阶段，孩子中心的生活内容是玩，家长需要注意的是不能让孩子昏天黑地糊里糊涂地玩，要在玩的过程中培养孩子的能力和兴趣。现在社会上对幼儿阶段的教育有一种偏颇的说法，恨不得孩子三四岁就开始学习小学的课程，甚至报纸上有"不要让孩子输在起跑线上"、"在入学前掌握常用字的 70%"这样的宣传，我对这些说法始终持反对意见。孩子从 3 岁到学前这个阶段正是孩子各种品德各种性格各种能力打基础的阶段，但他的基础是在玩的过程中打下的，这个年龄段孩子的家长要在一个一个生动的故事当中让孩子学习，不用讲道理。有的家长说希望孩子有礼貌，出去就让他叫爷爷、叔叔，越让他叫他越不叫。不用和孩子讲更多的道理，编几个小故事反复地讲，只有这个阶段的孩子是听故事不厌其烦的，听一遍两遍三遍四遍二十遍都可以去听的阶段。我采访过一个非常好的家长，他说从幼儿园把孩子接回来，一个人做饭，另一个人给孩子讲故事。吃完饭三个人一起演一些小剧，爸爸当牛爷爷，妈妈演小山羊，孩子演小白兔，小山羊和小白兔去牛爷爷家做客，敲门问是否在家，牛爷爷热情款待，小山羊小白兔告辞。在故事中蕴育了礼貌的教育，孩子在故事中学习东西。你想让孩子更聪明起来，你的关注点不是让孩子学习一个字，而是培养孩子的观察力、思维力、记忆力。我的小孙子今年10岁，在他1岁半的时候到我这来，我和他爷爷把他带到上幼儿园，在1岁半到3岁之间我们没有刻意教过他学习任何知识，他也没上过学前班，但他上学之后智商不比其他同学低，接受能力也比较强。我们培养孩子的观察力，将来孩子接受知识的时候，观察力、记忆力是接受知识非常重要的能力，很多家长忽略了这些。我们家里有很多蝴蝶标本，我们拿回一个新的蝴蝶标本，就让孩子看蝴蝶的前翅后翅有什么区别，看看颜色有什么区别，两个蝴蝶的尾突有什么不一样，触角有什么不一样。这是培养孩子的观察力，我们平常带着孩子时拉着孩子的小手一路走一路观察。还要培养孩子的记忆力，我们让孩子记住蝴蝶的样子，给他拿一本蝴蝶的图谱，找找有没有家里的这只蝴蝶，孩子第一次没找到，没关系让他再认真找第二遍，既培养孩子认真学习的能力，又培养了孩子的记忆力。小时候正是奠定基础的时候，各种能力的培养都不是在空口说教中进行的，而是在一个一个生动有趣的故事、生动有趣的活动中进行的，这是幼儿的特点。

2. 小学阶段

孩子从6岁开始就要进入小学阶段的学习，小学生有什么样的特点呢？当跨入小学大门时，他的生活内容要发生巨大的变化，他将结束以玩为主的生活进入以学习为主的生活。从这一天开始，孩子身上有担子有压力有约束了。我建议家长回去查一下"惟存网"，点击一下教材，会非常清晰地看出国家教委教育部对学生在学习上的具体要求，对认多少字学什么有非常明确的规定，这就是任务。从进入小学孩子就开始有任务了，这种任务感恐怕会一直到退休了。对于6岁的孩子来说是个大的台阶，需要家长帮助孩子迈好这一个台阶。

一年级小孩的特点是他的精力集中时间只有15分钟左右，我们家长在安排孩子作业的时候，家庭作业千万时间不要过长，如果时间过长超越了15分钟的极限，就会酿成孩子一系列不良的学习习惯。有的家长和我说为了让孩子一进学校就打好基础，回家还给孩子安排很多家庭作业。有的家长对孩子说："好好写，妈妈做饭，妈妈做完饭你写完了让你看动画片。"做一顿饭需要半个小时或者40分钟，这个阶段的孩子的精力集中只有15分钟左右，开始他还认真写，孩子写字很费劲，在他10分钟左右的时候还在认真地写。超过了自己的生理极限，他就会觉得很没劲，本来这个阶段的学习就是枯燥的，但他不敢走，怕妈妈生气不让他看动画片，就在小桌处打发漫长的时间。最吸引孩子的就是铅笔盒里的东西，最让孩子感兴趣的就是橡皮，用小刀把橡皮剁碎感觉其乐无穷，我的小孙子用铅笔在橡皮上捅窟窿，感觉十分好玩，实在没有东西可玩就坐在那开始浮想联翩，想蜡笔小新想奥特曼，想去幼儿园玩滑梯，人在但心跑了。这就是家长常说的孩子注意力不集中，从这时候就开始了。**我想对家长说，给孩子安排的时间千万不要过长，要专时专用，要训练他有时间的概念。**

还有个特点是孩子入学后在一年级时特别希望得到成年人的夸奖，我们有一年级的孩子就厌学的，就是不想去上学，这常常是因为孩子到了学校以后没有得到及时的赞扬。如果孩子从入学就处在一种被数落被批评的状态，孩子将是很难受的。有时候我看到家长骑自行车带着孩子一路走一路说"记住上课不许说话，下课不许打闹，发言要举手"，等一到学校孩子忘了，上课还这么做了，老师批评，再一留家长，就出现开始我们说的情况了。很可能孩子从一入学就走入恶性循环的轨道。恰到好处地表扬自己的孩子，珍惜孩子拿回的小红花，虽然别的孩子一周拿一次你的孩子一个月才拿一次，也要非常高兴地把小红花贴在家里的显著位置，让孩子感受成功的喜悦。

再一个特点是这个年龄段的孩子感情依托和幼儿阶段有很大区别，幼儿阶段孩子的感情依托在爸爸妈妈身上，当孩子进入小学之后感情依托要有一个大的飞越，要从爸爸妈妈身上转移到老师身上。小学时老师的话对孩子来说就是圣旨，孩子进入小学以后和我们说的最多的一句话是"我们老师说"，明智的小学生家长要千方百计维系好老师在孩子心目中的威望，这个阶段学习目的、兴趣、克服缺点的勇气、改正缺点的决心就是情感，对老师的情感。小孩子的家长没必要讲更多的大道理，维系好这种情感将产生很多积极的因素。小学低年龄的家长请记住柴阿姨的一句嘱托：**你的关注点不是教给孩子知识**，现在孩子的智商都不低，接受学习知识不成问题，**一年级孩子家长的关注点应该是在孩子良好的学习习惯、生活习惯的培养上**。我再强调一遍，小学一年级孩子家长的关注点不是在具体知识点的辅导上，而是良好的学习习惯、生活习惯的培养上。习惯不是说出来的，而是训练出来的。

很快孩子进入小学的中、高年级阶段，四五年级的孩子属于小学的中、高年级，这个年龄段小孩的特点是：对成年人的依附关系开始松动。

孩子小时候依偎在家长身旁感到安全，但到小学中高年级开始有了自己的小秘密，有了自己的小主张。我10岁的小孙子有时会告诉我："奶奶，你知道我有一个女朋友吗？""奶奶，你知道我们班选三好学生的时候为什么都不选那个人吗？"他开始有了自己的小秘密，自主意识增强了，接受了4年多小学的教育，脑子里有了一点一点的道德标准，但这些标准都是成点的不是成线的，他喜欢发表自己的看法，喜欢去谈问题，这个阶段的孩子，因为很不成熟，尽管有一些想法，但他的想法很容易改变。四五年级的孩子属于不太坚持自己的想法，所以还是比较容易说服他，他容易改变自己的看法。他很容易淡忘，属于一说就明白一转脸就糊涂，所以常常惹是生非。这个年龄段的孩子还有一个特点，学习难度加大了，四年级数学已经开始有了混合运算，已经有了原来初中二年级才有的平面几何的知识，有了小数、分数，如果在一二年级没有打下良好的学习基础，这个时候要露馅了，这是产生学习上第一次分化的阶段。我想告诉家长朋友，**对中、高年级的小学生来说，你的关注点应该是在呵护好孩子的自尊、保护好孩子的自信上**。如果不注意这么做，那你很可能就把我们的孩子说成一个滚刀肉了，说成一个软硬不吃了。当孩子进入青春期阶段，你就真的难办了。怎么样呵护孩子的自尊？怎么样保护好孩子的自信？

我特别不同意这种说法：赏识教育是唯一的教育。在运用表扬夸赞的时候，家长要注意就事论事，千万不要含糊其词，有的家长说老表扬孩子，说"你最近进步挺大"、"最近妈妈对你挺满意的"，这是空洞的表彰，在孩子身上不会起作用，特别需要家长注意的是，家长有时功利思想较强，紧跟在表扬后面的一个词是"但是"，接着说孩子还有什么缺点。四年级的孩子有了体会，当家长表扬他时会想"该说但是了"，上了中学一夸孩子孩子会说"少来这套"。表扬孩子要具体，举个关于教育家陶行之先生四块糖的孩子的例子。陶行之曾经在上海一所小学当校长，放学后他在校园里巡视发现两个小孩打架，马上进行制止，其中一个小孩拿了一块砖头，他让这个小孩去办公室等他。他在校园里转了一圈，回到办公室看见小孩在等他，陶先生说："你很守时很守约在这等我，就为这一点，校长奖你一块糖。"从兜里掏出一块糖放在孩子的小手上，又拿出一块说："刚才你打架时我一制止你立刻就住手了，说明你很尊重我，再给你一块糖。""我刚才了解了一下，你刚才打架属于路见不平，说明你是个很有正义感的孩子，再给你一块糖。"孩子说："我错了，我不应该打架。"校长说："再奖你一块糖，你认识自己的错误多快呀。"

不管哪个年龄段的家长，都希望记住这个故事，这个故事给我们两点启示：当孩子缺点多的时候，你一定要张大双眼去看孩子身上还有闪光的东西。有的时候家长找我对我说孩子这不行那不行，我让他说说孩子有什么优点，家长说："他还有优点哪？"陶行之在小学生拿砖头打架的过程中都能发现孩子有四个优点。表扬要具体，没有含糊的话，第一很守约第二很尊重校长第三很有正义感第四有了事情认识缺点很快，校长的四块糖可以给孩子一种强化，让孩子知道自己有这样的优点。一个人对自己的认识是有过程的，孩子小时候不会对自己有全面的认识，是今天一个强化明天一个强化，强化了孩子长大成人后的优秀品质。

建议家长不希望孩子有的缺点（比如说谎）就不要强化他，希望孩子有的优点就张大双眼从孩子身上去捕捉，越具体越好。批评是家长运用得比较多的教育手段，**批评时要注意这样几个方面：**第一，在没把情况摸清楚的情况下不要批评孩子。陶先生在校园里走了一圈摸清楚情况回来才和孩子谈话。第二，你在气头上时不要批评孩子。我们不敢恭维老师有多优秀，难免碰到老师处理事情不得当的时候，有的家长难免遇到被老师数落的时候。我的小孙子就属于调皮捣乱的，我偶尔去接他，常常被老师留下来。你千万要注意不要把你从老师那儿受到的训斥转嫁在孩子身上。

第三，过头的话不要说。千万不要说着说着气就来了，说一些过头的话，说过头的话对孩子的成长是不利的。第四，批评要就事论事，不要算总账。不要因为孩子的一个缺点把孩子的历史问题全抖落出来，这是孩子非常不愿意的。我们还要选择一个好的机会，孩子在吃饭，或者孩子马上要睡觉了，或者当着客人朋友陌生人的面，不要批评孩子。

3.中学阶段

孩子长大进入中学，我们称这个阶段的孩子为青春期阶段。青春期应该从什么时间开始，现在没有统一的标准。前年我在一所小学调查，四年级的一个班上有 24 个女孩子，老师告诉我有 7 个女孩子已经有了月经，已经在 10 岁时就可以进入青春期了。青春期的孩子，从什么时间开始进行性的教育，这是家长真的要探讨的问题。姑且来谈中学生，对中学生来说已经进入人生路上最难教育的阶段，这个阶段的孩子是站在人生路的十字路口，也有的人把这个阶段的孩子称为危险少年，怎么说都不过分。这个阶段的孩子的特点是：

（1）这个阶段的孩子已经进入生长发育的第二个高峰期。

这个阶段的孩子正是蹿个的时候，几天不见就如隔三秋，第一个高峰期是新生儿。这个阶段的小孩产生一种重要的心理，是以前从来没有过的，就是我长大了。当您的孩子进入这个阶段的时候，一定要看到这个变化，这个阶段的小孩特别渴求成年人对他的尊重理解民主平等，呼吁平等万岁最高的是中学生。有一次我碰到邻居，爸爸和女儿手拉手过来，女儿上初中二年级，我说女孩越长越漂亮了，她爸爸马上说："您还夸她呢，整个一缺心眼！"女孩马上把爸爸的手甩开了，我走过去回头看她已经不和爸爸手拉手了。爸爸可能觉得想说什么就可以说什么，在心里真觉得女儿缺心眼，但忘记维护这个年龄段孩子的尊严。要给成长中的孩子以尊重，孩子大了，我们和孩子之间有距离了，距离常常是从你对孩子不尊重开始的。

（2）这个年龄的孩子进入心理闭锁时期。

小时候孩子的心敞开着，有什么话都和家长说。慢慢的孩子心里的门要关起来，这是一个人长大的重要标志之一，家长必须做好接纳孩子长大的各种现实。很多家长盼着孩子长大，当瞬息间孩子长大的时候，家长没有做好迎接孩子长大的心理准备，没有张开双臂去拥抱孩子。中学生难教育、中学生不以家长为朋友，原因之一是家长造成的。孩子开始有了越来越多的小秘密，但他不愿意和你说，孩子开始写日记了。有一次一个家长找我说她犯了一个错误，她最近发现儿子魂不守舍心不在焉，她知道孩子抽屉里锁着他的日记，有一天孩子去上学时，她站在孩子桌子旁边斗争了半天，还是把抽屉撬开把日记本拿出来，她说只是想了解她的孩子想帮他，没想到在日记本第一页夹着一张小条："妈妈，我就知道你会偷看我的日记，我恨死你了。"她说我看吧也看不出所以然来，不看吧已经留下作案痕迹了，我说你赶快向孩子道歉吧。你还想像小时候那样，孩子有什么想法就告诉你已经不行了，那个时期已经过去了，我们要了解孩子必须心贴心才行。

（3）这个年龄段的孩子进入第二个反抗期。

第一个反抗期是一岁半，第二个反抗期就是这个阶段的孩子，表现是逆反心理很强，最烦的就是家长无止无休的唠叨，家长要改变自己的教育方式，一天到晚唠叨不行了。

（4）神经系统的发育比骨骼、肌肉要慢，这个年龄段的孩子容易冲动，抑制自己的能力差，做事不计后果，这是孩子容易出问题的自身原因所在。

（5）性器官已经基本发育成熟。男孩子有了初次遗精，女孩子开始有了月经初潮，开始有了对异性这样那样的想法，特别是在性比较开放的今天，性成熟应该更早一点。

（6）中学生的学习难度更加大了。

以上这些因素综合在一起，给我们教育孩子、了解孩子、走近孩子带来一定的困难，中学生家长立足点在和孩子的沟通上，这个年龄段的孩子的感情依托既不在家长身上，也不在老师身上，而是在同龄伙伴身上。把自己当成孩子的同龄伙伴、当成孩子的朋友，像对待身边的朋友一样对待孩子，才能引领孩子往前走。

进入中学属于惹是生非的阶段，呵护孩子的自尊保护孩子的自信，不管批评还是表扬越具体细致越好。进入中学是最难教育的，孩子会有一系列特点，要尊重孩子的成长，尊重孩子的人格，接纳孩子跌跌撞撞的成长，具体表现是做孩子的朋友。学一些家庭教育的知识科学，对提高自己的教育水平是有好处的。

要科学地爱孩子

我研究了 20 年的家庭教育，这是我研究的重点。我接触过太多的苦恼的家长，他们把自己所有的精力把自己所有的财产把自己所有的感情以至于自己的生命都给了孩子，无怨无悔，这就是中国父母的特点，但是孩子们的各种表现却让中国的爸爸妈妈们在思考。

我前两天接到一个家长的电话，她在电话里面和我谈了 40 分钟哭了 40 分钟。她告诉我她的女儿今年 27 岁了，研究生读完了就是不工作，跟她爸爸妈妈讨价还价，她妈妈说没有办法，一个月开始要 3000 元生活费但他们拿不出来，最后每个月给女儿 1700

元的生活费。她说今天给柴大姐打电话是因为昨天晚上女儿逼着她非要 3 万元钱和伙伴出去旅游。这个妈妈一边讲一边哭，她说女儿在家时说不定什么时候起床说不定什么时候睡觉，不收拾屋子，说不定什么时候出来吃饭就要钱要折腾他们。女儿说："因为你是我妈，我是你女儿，你要承担责任和义务。"这个妈妈说："柴大姐，我有挺严重的肾衰竭，我已经提前就退休了，我还能活几年呀？"我陪着她掉眼泪。

前两年我们还在报纸上登了南京大学校园里面贴出来的一封公开信，署名是"伤心的爸爸"，大意是好不容易把孩子培养成大学生，当他背着行李带着孩子到大学报到的那一刻起，他就糊涂了。是他顶着太阳排队给孩子交学费，孩子站在树荫下瞅着，是他给孩子到宿舍收拾，孩子看着，他不知道谁是爸爸谁是儿子，孩子很少写信，每次都是潦草的几个字但"钱"字写得非常工整，前两天写信要钱，责备父母没有给他足够的钱让他和同学应酬去旅游，责问家长"你们生我干什么"。

有一次在公共汽车上，车上的人比较多，我坐在一个位置，旁边站着一个妈妈和她的儿子，这个孩子读高中或中专，一路上两个人一句话都没有，扶着扶手眼睛直盯盯地看着窗外。到一站上来一个老爷爷，售票员找座位让老爷爷坐下，妈妈自言自语地说："怎么一个人出来呀，孩子们干什么去了？"这个妈妈抬起脸来看着儿子的脸，怯生生地问了一句："儿子，有一天妈妈也这么老了怎么办呀？"我坐在那儿看着妈妈的眼睛，她一定希望儿子说："妈，没事，等你老了还有我呢。"儿子仍旧手扶着栏杆眼睛直盯盯地看着窗外脸上仍旧没有表情地甩出一句话："你要老了，安乐死呀。"我看见眼泪在妈妈的眼圈里转，这时候妈妈的心情一定是非常痛苦非常复杂。

有一次我到一个杂志社和一群年轻的编辑讲家庭教育，我去了之后在一个小会议室里坐下来，这些年轻人一个一个进入会议室坐下来，每个人手里都端着茶或咖啡，这些孩子最低学历都是研究生。当我讲到"爱"这个问题的时候，我就和这一群年轻的孩子们说："你们有没有发现在小会议室里你们都是主人只有我一个人是客人，你们都很年轻只有我白发苍苍，你们手里都有茶只有我一杯水都没有。"他们乐了，他们说没想起来还要给我倒一杯水，还说"我们就没有这习惯"。

这绝对不是我们愿意看到的，我们绝对不希望用我们的无私奉献不计回报培养一个自私冷漠不懂得关爱父母不懂得关爱别人的孩子。每次我和家长朋友见面，总想和家长朋友讲，家庭中最重要的教育是爱的教育，我想大声呼唤，千万不要用我们的无私奉献不计回报为我们家为我们的社会培养一个白眼狼，如果一个人心中谁都装不进去的话，如果我们的孩子心里面只能装着自己，生他养他为他付出一切的父母都进不去孩子的心里、在孩子的心里不占地位，孩子的一生将是痛苦的。有一个教育家叫胡军若老师，他有一句话我非常欣赏：如果一个人心中只有他自己的话，这个人将永远是阴天。他晴朗不起来。家长为了孩子的健康为了孩子的快乐为了孩子灿烂的明天，一定要把爱种在孩子的心里，让孩子学会爱，懂得去体察爱。因为爱是双向的。

孩子小的时候，我们在孩子心中是一棵参天大树，孩子倚着我们靠着我们傍着我们，我们把爱给孩子，我们心里面觉得这一切都是应当应分的，因为我是爸爸妈妈，甚至我可以把生命把晚年都给儿孙们，我不图什么，我什么都不图，这是我们。如果我们的孩子就认为我从你这索取、我从你这拿、我从你这要是应该的话，他也这么想的话，我们的爱的教育就真的出了问题。我们的孩子应该从父母的无私当中从父母的奉献当中从父母觉得这么做是应当应分中去体会到这是爸爸妈妈的爱，要懂得滴水之恩当涌泉相报，孩子的心里才种下了爱的种子，将来这颗爱的种子在孩子心中慢慢发芽，长大后懂得回报我们关爱我们照顾我们，从我们家飞出去飞到社会上也懂得关爱别人关爱自己的小团队关爱自己的朋友同事，当孩子成家后，才懂得关爱自己的爱人，这是一个爱的过程。

怎么让我们的孩子懂爱、会爱、心中有爱呢？柴阿姨提这样几点建议供家长参考：

1．从孩子很小的时候，教给孩子学会说"谢谢"。

我的给予是我应该的，但你要懂得对家长这份爱的体会，你要懂得对这份爱的回报。我不知道在座的各位家长年轻的爸爸妈妈们会不会说谢谢，但柴阿姨想告诉你们，当你们会说谢谢的时候心里会是非常阳光的。我接触的人比较多，他们都说我是一个阳光老太太，我也觉得我很阳光。我到很多地方，我觉得走一路不管到哪，到国内到国外，不管语言通不通，我都觉得我能碰到很多好人，我很少碰到坏人很少碰到倒霉的人，我会发自内心地对别人说谢谢，我能用眼睛观察到别人给我做的一切，我真诚地对别人说谢谢，我一天到晚总是很高兴，包括在小区倒垃圾开电梯的工人都特别好，因为我知道感谢他们。

2．让孩子从小学会劳动。

千万不要说"孩子只要你学习好就行了，什么事都不用管"这句傻话，他会觉得是应该的，你全包你是应该的，他就应该只管学习。我们感觉孩子缺少责任感，不懂得体谅父母不会换位思考，就是因为家长什么都替他做了，他就是享清福。长远为孩子想想，孩子将来成家了怎么办？我前两天看了一个材料，现在80后的离婚率是最高的阶段，这一代独生子女长大了，各自都索取都不懂得关爱别人，两个人碰到一起能不离婚吗？我们早就有这句话：真正的爱孩子要为孩子寄予长远。在劳动中他会学习技能学习生活的能力，会有体验会有责任义务会换位思考。

3．创造机会让孩子表达爱。

我感觉不是孩子从小不懂爱不会爱，有时候孩子的爱是被家长剥夺了。前年我在小区里找了几个小孩请他们到家里来聊，问他们三八节想为妈妈做什么，后来达成一致的想法，为妈妈准备一杯浓浓的甜甜的糖水，让妈妈觉得生活都是甜的。过完三八节我请他们谈谈想法，有一个小孩告诉我说，妈妈回来把糖水给妈妈说，今天三八妇女节，祝你节日快乐，喝杯水吧，妈妈喝后还亲了他一口，他很高兴。有一个小孩说事先准备好浓浓甜甜的水，等妈妈一进来就跑过去，妈妈拉着脸说："找茬想玩是不是，赶紧写作业去，多得 100 分比什么不强。"有一个妈妈喝了糖水之后拉下脸说："傻丫头，放了多少糖呀。"

考虑一下，咱们的生活中有没有类似这样的事情？人之初性本善，为什么孩子越长越大慢慢会觉得不需要关心家长了呢？去年 7 月份我的小孙子考完试之后，我和他爷爷带着他去了内蒙古，想让他在北京的高楼大厦之外感受一下国门、界碑。去了一个多星期，和孩子经过这样一段时间的接触，我们真的有这样一种感觉，孩子很少站在家长角度考虑问题，对家长所付出的很少感动。我们一定要补上这一课。到北京那天开始，我们给孩子订了一个本，起名叫"阳光记录"，用蓝笔黑笔记录的是我们在孩子身上找到的他心疼爸爸妈妈爷爷奶奶为我们做出的事情，红笔是孩子从我们身上感受到的爱。记录非常细致，每天我们三个人坐在那儿认真地写。这一天孩子很快乐，我们就给他贴一个红五星，记录了很多内容。比如孩子中午从来不睡午觉，但走路时悄悄静静慢慢地唯恐把爷爷吵醒，很可能就一次，但我们抓住了强化了，给他记录下来，就这样记了很多很多。他也从我们身上感受了很多，比如奶奶把吃药的蜂蜜水让他喝是奶奶爱他，买菜时奶奶拿很多东西不让他拿是怕他累着。记了厚厚的一本，有一天我去外面讲课，我给孩子打了一个电话，告诉他爷爷心脏不好，速效救心丸放在什么地方，如果爷爷不舒服就给爷爷吃，爷爷说我打过电话后他就把速效救心丸放在自己兜里，一上午就问"爷爷，需要吃速效救心吗"。孩子会觉得关照别人想到别人是很快乐的事情。给孩子机会，经过这样的训练，我们会发现孩子在爱当中成长了。

4．你想培养一个让你骄傲的好孩子，那你一定要做一个让孩子骄傲的好家长。

5．我们要给我们的孩子创造一个良好的生存空间。这个空间应该有利孩子智力的开发，要创造学习的空间，夫妻之间和谐美满幸福少战争，让孩子在其乐融融的氛围中长大，这是孩子成长的一种重要的环境保证。

最后用一首歌词结束今天的交流，有一个电视剧叫《媳妇》，片尾有这样几句歌词诠释了什么叫做爱，我很期望大家能记住这首歌的歌词，爱家庭爱社会爱朋友爱孩子，同时把这种爱也深深地种在孩子心里：

"爱是你我用心交织着的生活。爱是你和我在患难之中不变的承诺。爱是你的手把我的伤口抚摸。爱是用我的心倾听你的忧伤欢乐。"

谢谢各位家长。衷心祝愿在座的所有家长有一个和谐美满幸福的家庭，祝愿我们的孩子健康茁壮。

卢 勤

1948年出生。34岁起担任"知心姐姐"栏目主持人，现任中国少年儿童新闻出版总社副主编，中国家庭教育学会常务理事、中国关心下一代工作委员会专家委员会委员、全国"更新家庭教育观念报告团"成员。20多年来致力于少年儿童及家长心理健康的研究。

什么是孩子终生的财富

◇ 卢勤

今天是星期六，是大家休息的日子，我想大家能够来，都是因为爱孩子。我感谢各位爱孩子的父母，也非常欢迎大家走进我们今天的讲座。

爱孩子也得会爱，你要不会爱孩子，孩子不仅不能成人、成材，反而成了你的祸害。父母今天要学习一门特长，即如何去爱孩子。我们这一代父母大部分只有一个孩子，我们自己挣了钱都想着留给孩子，所以今天我们的孩子是前所未有地富裕，他们想买什么就能得到，很高档的东西你舍不得花钱买但给孩子舍得。中国家长对钱的观念是自己舍不得留给孩子全舍得，这一代孩子已经成为中国最主要的消费者。

我接触很多成功的女性、很富有的人，今天都遇到前所未有的家庭的困惑，这个困惑是过去的父母没有的。我们承受着前所未有的压力，竞争、升学、择业的压力摆在孩子和家长面前。今天的困惑围绕着种种问题，虽然我们富裕了，但幸福指数在下降，我们忽然发现财富多了并不等于幸福多了，幸福是人的一种感悟能力，生活都是一样的，有人感受到的是幸福和快乐，有人感受到的是痛苦和悲伤，不一样是因为心情不同。

我们在教育方面就在思考和过去不同的观念。我们今天一定要明白什么是孩子终生的财富、什么能让孩子在世界上生存，不是社会适应孩子而是孩子适应社会，他能有适应能力吗？在我们的过度保护下，我们的孩子有生存能力吗？

　　我今天和大家共同探讨什么是孩子终生的财富，我们要了解今天孩子成长的环境，他们今天缺失的是什么？什么是我们要给予他们的东西？

　　我今天想和大家谈五大缺失。

第一大缺失是童年快乐的缺失

　　今天的孩子不大快乐。我到非洲和非洲孩子照相，他们的皮肤很黑，但牙齿很白，为什么能看到他们牙齿白？是因为他们很爱笑。中国孩子照相时不爱笑。笑是孩子的天性，孩子不爱笑是因为不快乐，不快乐是因为种种原因，我今天谈两点。

　　1. 他们缺少空间。

　　我主持"知心姐姐"节目时，我发现孩子很多烦恼来自父母，父母的很多烦恼来自孩子。我曾经问过一个小孩："你有爷爷奶奶、爸爸妈妈、姥姥姥爷，看着一个孩子，你多幸福呀。"孩子说每天6个大人12只眼睛看着他，他累着呢。有个妈妈说她的儿子上初中，一到家就把自己关在房子里，房门上挂着"请勿打扰，谢谢合作"。**在今天孩子心中的好日子不是多大的房子、有多少钱，而是有宽松和谐的成长空间。**要想有一个知心的家庭，要想让孩子健康、快乐成长，家庭环境要宽松，两口子过日子也要宽松，宽松是幸福。对方回来晚了，不要追问干什么去了跟谁去了，孩子回来不要追问考试多少名，孩子会觉得又进了考场。孩子为什么爱去奶奶家姥姥家，因为奶奶姥姥不会谈考试，只说饿了吃饭、渴了喝水，孩子有家的感觉。

2. 孩子不快乐的另一个原因是远离大自然。

现在的父母急于求成，最想看到的是孩子小小年纪就坐在桌前写作业。现在父母最爱给孩子买的书是优秀作文选，有一个小学老师给出的作文题目是"我做的一件好事"，结果全班很多学生写的都是捡钱包，全班捡了37万元，都是瞎编的。

判了一天考试卷子的老师看到清新的东西吹过来会感觉非常清凉，作文是孩子说的话，话是来自于大自然的。一个孩子不到大自然感悟是小情小感，只有到大自然感悟才是大情大感，那是在大自然中感悟的，**没有大自然的陶冶，是不能造就大情大感的，他们没有经过大自然那种伟大的爱，很可惜。**那些有成就的人很多不是城里的孩子而是农村的孩子，他们从小在山里跑来跑去，一旦到工作岗位上会比城里的孩子优秀，因为细胞开发得好，一个孩子的细胞受到外界影响会分裂得快，细胞增长得快。

现在我们让孩子有创意，但今天的孩子没有创意，因为他们不会提问题。创意从问题开始。《中国少年报》社和大爱出版社共同推出一个活动，让孩子提问题，孩子们提出的问题非常多，比如：香蕉为什么是弯的？黄瓜是绿色的为什么叫黄瓜？为什么说买东西不说买南北？蚂蚁睡觉闭眼睛吗？屁为什么是臭的？《中国少年报》今年的寒假合刊一本都是问题，一个孩子一旦对问题有兴趣，对学习肯定会有兴趣。问题来自哪里？很多来自大自然。大自然非常奇妙，失去这个课堂实在可惜。节假日、双休日要带孩子走出去。

第二个缺失是学习动力的缺失

现在有的孩子不知道自己为什么要学习，他们认为是为老师、为父母学的，所以他们学习无精打采。他们对学习没有兴趣，因为没有目标。

没有目标的人和有目标的人是不一样的。三个工人在工地上搬砖，第一个人认为在搬砖，第二个人认为在挣钱，第三个人认为正在盖辉煌的教堂，最后的结果：第一个人是给别人打工的，第二个人是挣点小钱的，第三个人会成为优秀的设计师。墨子说"志不高者智不达"，志向不高远的人智力达不到。克林顿年轻时很优秀，17岁他到美国和总统见面，一刹那产生了要当美国总统的梦想，回家在墙上贴了标语"我要做美国总统"。他要做三件事：成为议员，进入国会，走进白宫，结果他都做到了。赖斯11岁时参观白宫因为是黑人被拒之门外，她说"早晚有一天我要走进白宫"，爸爸说"你只有付出比白人多八倍的努力，你才能超过白人"。赖斯最后终于走进白宫成为美国的国务卿。

有梦想就有可能成功，你的孩子的梦想在哪里？什么是他的梦想？他有过想法吗？一个人没有想法是不能走到终点的。你自己可能有感受，两天双休日干什么？你如果清楚地想出事情，就一定能干完。如果没有目标、没有计划，什么都干不成还特别累。有句话说"阳光射进来，灰尘找到了方向"。你们家的阳光在哪里？孩子对未来是如何想的？职业教育从中学开始，一个考大学的孩子不知道考哪个专业，说明他的目标一直没有形成。今天我们帮助孩子去实现梦想，怎么样去实现梦想？

要去找到需要。

社会有哪些需要？我愿意不愿意做？事业为职业搭桥，孩子可以多参加社会实践，到社会实践中去看一看，社会上有哪些职业是传统的？有哪些职业是新鲜的？我能不能去做？孩子有时会有想法，你鼓励他把想法扩大。很多年以前有一个小男孩在院子里玩，妈妈让他吃晚饭，他说他要到月亮上去玩，妈妈说"去吧，别耽误了吃晚饭"，他就是前苏联的宇航员加加里。你去看看那些名人传记，很多人其貌不扬，但成为一代很有成就、很有造就的人，因为他们有梦想，敢想。今天我们要让孩子去寻找自己的梦想。

孩子目标的形成还有一个非常重要的就是成就感，小小的成功能让人产生大大的梦想。《中国少年报》1951年创办，这么多年来深受孩子和家长的欢迎，根本原因是它让多少孩子梦想成真。我们组织很多活动，让孩子获得很多成就，这些小成就会产生大梦想。去年《中国少年报》度过了55岁生日，我们在中国儿童剧院举行了"梦想成真大会"，刘敬英特意从贵州赶到北京现场讲了一番感人肺腑的话。他9岁时是最普通的一个小男孩，他给《中国少年报》发了一篇稿子，虽然没有发表但收到编辑的来信，这小小的成功让他产生了当编辑当记者的梦想，从此开始了写稿生涯，文章被发表，他读了大学新闻专业，到《贵州日报》当了编辑。他说小时候这个梦想是《中国少年报》给他的。

我到《中国少年报》工作后我特别在乎孩子的来信，回好了来信就能让孩子产生梦想。

我做"知心姐姐"也是因为我小时候的小小成果。1960年我上小学四年级的时候，我看到报纸上有"知心姐姐"的栏目，我也给知心姐姐写信，没想到收到了回信。这小小的成就让我也想当知心姐姐，我看知心姐姐留小辫我也开始留小辫。后来为了当知心姐姐我见人就笑，笑多了就有亲和力。初三就有梦想，就想考新闻系，想去当知心姐姐。可没想到上高中之后文化大革命开始了，大学校门关闭了。我去了吉林省偏僻的地方，当时我20岁。后来我在知心办工作了6年，我当了真正的知心姐姐。别人找对象让我看好不好，我发现找对象不是找最好的而是找最合适的。

1978年11月，《中国少年报》复刊了，我给《中国少年报》写信，把我童年的梦想告诉他们，通过团中央组织部，我正式跨入了《中国少年报》，我下决心在这里工作一辈子，转眼我已经工作了29年，我30岁到报社，现在就快退休了，从我走进《中国少年报》大门的那一天我就没有想离开，我找到了童年时最梦想的地方，我当上了知心姐姐栏目的主持人。在2000年时我获得了一个奖，我在发言时说："一个人能从事所爱的工作是一个人最大的幸福和快乐。"人生追求的不是成功而是幸福和快乐，如果你得到了，你感觉幸福和快乐你就成功了，你得到了但没感觉幸福和快乐你就没有成功。你热爱它，你就会琢磨它，事业就会发展。

我们应当让孩子找到他热爱的事情，他爱做、他喜欢做，他一门心思做下去他就能成功。要确定一个目标，你要干什么你想干什么，然后竭尽全力去干。看准目标就竭尽全力，你就会与别人不同。你的力量使得你不一样，使尽全力的人肯定是辉煌的。孩子的目标是非常重要的，大家要想办法让孩子在成长的路上、在事业方面获得一点成功。**寒假暑假让孩子打工，让孩子去体验，这种体验是书本不能代替的。**目标非常重要，一个小小的目标都会让人兴奋起来，何况人生的目标。

第三个缺失是精神文化的缺失

如果一个人从小缺少爱心，长大就会无情无义。在家里独生独养独享的孩子天生缺少分享的快乐，他以自己为中心，别人不能容纳，就会发生冲突。一个人缺少精神文化的滋养，不能把握自己的命运，就是一个空壳在这世界上。

有个案件，浙江 17 岁的中学生徐力用榔头打死了自己的母亲，事发后我和徐力面对面谈了 100 分钟，我很震撼。眼前这个孩子个子高高的，白白净净的，是三好学生、共青团员，他不是暴力的、凶神恶煞的孩子。他说妈妈要求他必须考清华大学、北京大学，总是用别人的成绩和他比，不让他看报看书看电视听广播，不让踢球不让运动。**后来我发现不让孩子出去运动是孩子最终走向犯罪的原因**，一个男孩子、一个青春期的孩子会有很多不良情绪产生，身体中会分泌有毒的荷尔蒙，人要学会把心灵的垃圾倒出去，最好的办法就是出去运动。特别是男孩需要运动，运动发泄了自己的不良情绪，又没有伤害别人。很多孩子需要这种发泄，当孩子有攻击力时调皮捣蛋时能量要释放出来，当他们最不可爱的时候是他们最需要爱的时候。我担心那些不爱通气、内向的孩子，内向的不会发泄的孩子常常做出意想不到的事情。徐力一直忍，终于压抑不住爆发了，他想看电视，妈妈说："我不会给你第二次考大学的机会，你要考不上大学我就打断你的腿，反正你是我生的打死你也没关系。"徐力非常气愤，拎起书包往家门口走，看见家门口的鞋柜上放着一把榔头，他拎着榔头冲进屋里打了妈妈。他在大街上疯跑了两个小时，想起那是妈妈需要救她，可是妈妈已经死了。他很害怕，把妈妈的尸体放在装衣服的箱子里。他晚上找了间旅馆，一直在做梦觉得一切都是假的，醒来发现不在家里才知道一切都无法挽回。爸爸回家后他说妈妈出差了，爸爸一走他就走了。我说："你在看守所里待了一个多月，你有没有想你是如何长大的？"他说想起生病时是妈妈一个人把他背进医院很不容易。我说在这个世界上比徐力不幸的人多了，但他们都孝顺父母听父母的话。徐力哭了，说："我是个畜生，我亲手把母亲送走了，我非常后悔。"我问他是否想对天下的父母说些什么，他说："给孩子留点空间吧，多和孩子沟通吧。"我问他想和同学说点什么，他说："有事和爸爸妈妈说吧，他们懂的毕竟比我们多。"

当我从看守所里出来的时候，我感到非常压抑，徐力就生活在没有阳光没有空气的房子里。一个初二的女孩子当电视播徐力的事情时，说："妈，我怎么越看你越像徐力的妈妈呀。"很多孩子说："哪里有压迫，哪里就有反抗。不在沉默中爆发，就在沉默中灭亡。"

今天的孩子生活的空间越来越大，生长的空间越来越小；住房的空间越来越大，心灵的空间越来越小；外面的压力越来越大，内在的动力越来越小。**要想改变孩子，就要改变孩子的成长环境，要改变孩子的成长环境，首先要改变父母的心态，父母的心态是孩子成长环境中最重要的因素。**

我们和全国少工委组建了"知心家庭学校"，标志是由红、绿、蓝三个圆组成的，这是北京一个孩子的创意，三个圆一般大。我看了父母画的知心家庭的关系，父母在大圆里画了一个小圆，说小圆就是孩子。在孩子心目中三个圆是一样大的，在父母心中孩子是自己的一部分。**今天孩子出生就是个独立的世界，我们和孩子的关系是相互尊重、相互学习、相互沟通、共同成长。**父母和孩子都是边学边做的，在家庭教育中，父母和孩子是同学，要相互谅解。

　　徐力被判刑12年，进了浙江省未成年犯管教所，从他入狱开始每年我都去看他，每次他见到我都很激动，他说明白了"今天的父母都爱孩子"，当一个孩子理解母亲的时候却永远没有了母亲，徐力最怕听《烛光里的妈妈》，最怕听别人喊妈妈，一说到妈妈他的感情立即凝固。徐力报考了成人高考，提前走出高墙。我为他安排了工作，因为我不能不管他。本来想安排在浙江，但我发现他内心的悔恨是挥之不去的，后来安排在另一个省的高科技园区。我走的时候徐力送我，我拥抱了他，我感觉他全身僵僵的，这个孩子从小到大，可能没有人拥抱过他，我哥哥的孩子从美国回来，和我拥抱是软软的非常舒服。有人说你为什么对这个少年犯投入这么大的精力？我儿子到上海工作，我都没有管，他自己在网上租房子，我相信他有生存能力。可是徐力呢？谁能接受他？所以我必须帮助他。

　　徐力身后站了成千上万个孩子。中国有多少少管所？我给两千多名少年犯做了报告，题目叫"为了明天，从今天开始"，从今天开始，珍爱生命、珍惜时光、珍重自己。我问这些孩子谁小时候读过《中国少年报》，两千多人没有人回答，我很震撼，我走了那么多地方，很多成功人士说"我是看《中国少年报》长大的"。而今天的孩子与报纸无缘，我问孩子有什么话可以说，有一个男孩要求我送本书给他，有一个孩子站起来说"我能叫你声妈妈吗？"他说过去总做坏事现在做好人我能相信吗？我说"妈妈相信你"。一个孩子问我出去能立足吗？我告诉他要抬起头堂堂正正做一条龙。一个男孩问我"你能告诉我你妈妈的生日是哪天吗？"当我告诉他们的时候，场上响起了掌声。一个男孩站起来说"我能和你拥抱你一下吗？"当我们拥抱的时候，他说"妈妈从来没有抱过我"。这是一群严重缺失爱的孩子，大部分孩子犯的是抢劫罪，有的是强奸罪，有一部分是缺吃缺穿的孩子，而大部分是不缺吃不缺穿的孩子，但他们缺少精神文明。

当我离开他们的时候，他们全体起立，掌声经久不息。我再次被震撼，我感到一种力量，这种力量能摧毁这个世界也能建设这个社会。我收到好几位少年犯给我写的信，他们说看了我的书越看越后悔，早看就不会犯罪了。一个孩子说："长这么大没有人告诉我怎么做人，我只会做题不会做人。"

有种缺失不能被原谅就是精神文化的缺失，我们不能仅关心孩子吃什么、考多少分，我们要关心孩子看什么、精神世界是什么样，是阳光灿烂还是充满阴霾。孩子的心像块空地，种什么长什么。孩子的大脑像白纸，写什么有什么。孩子的阅读是一种习惯，如果今天的孩子不阅读，和阅读的孩子差距很大。爱阅读的孩子有判断能力有思考力，且文笔很好，有想象能力。不爱阅读的孩子头脑空虚、爱盲从、爱跟风，且语言贫乏。所以现在全世界都重视阅读。孩子的小脑瓜通过眼睛形成一个世界，眼睛看见的东西是营养，是健康的还是有害的？这特别应当值得关注。走多了看多了，尤其这一代孩子，已经形成鲜明的差距，那些爱阅读爱思考的孩子已经远远超出今天那些不学无术的孩子。

孩子不会读书的时候，爸爸妈妈要拿本书读给孩子听，不要光讲故事，让孩子知道好听的故事在书里，让孩子对书产生兴趣。孩子大一点，上小学就给他订报纸，报纸会让孩子产生习惯，《中国儿童报》、《中国少年报》，他们会知道自己有哪些兴趣，对其他孩子的世界有所了解。一个人阅读习惯是从小养成的，家长要关注这一点，不要总买参考书重复别人的东西。大脑要开放、眼界要开阔。我希望大家订一份报纸给自己的孩子，还有一件事想拜

什么是孩子终生的财富

托各位，中国有一部分贫困孩子，希望有爱心的人士可以捐报纸，我们去年捐献了报纸给孩子，这比送其他东西都好。也帮助那些父母出来打工在家留守的孩子，送他们一张报纸陪着他们长大。大家可以通过两个途径，可以把手机号码和名字留下，或者直接将钱寄到《中国少年报》社。不是说出来的是做出来的，这种做法会让孩子产生大情大感大责任。

第四个缺失是亲情沟通的缺失

父母和孩子出现了冲突，父母不了解孩子，孩子不了解父母，十几年中国的变化太大了，孩子的生活环境与我们不同。一个妈妈说她女儿爱吃爱喝爱打扮就是不爱学习，她花四百元钱买票带女儿去看《白毛女》，看完后她问女儿受到什么教育，她的女儿想都没想说："喜儿的悲剧都是杨白劳造成的，杨白劳欠人家钱不还，让喜儿去抵债。再说喜儿也够傻的，黄世仁那么有钱，嫁给他算了，自己跑去当白毛女多苦呀。她喜欢大春，可以把大春当情人呀。"今天的孩子对过去的时代太陌生了，《中国少年报》办了个《三毛流浪记》，孩子说："三毛太幸福了，天天流浪不用上学。"

带孩子去体验，体验才能成为真知，眼见为实。去哪体验？回老家看看，告诉他爸爸小时候家里什么样；去贫困山区看看，看看那里孩子的生存状态；特别是带孩子上班，让孩子知道你在忙什么。我问孩子最爱谁最恨谁，孩子说最爱他爸爸也最恨他爸爸，他爸爸晚上不回家，练歌房、洗脚房、吃夜宵、打麻将，孩子给爸爸发短信说"祝你生日快乐"，爸爸回短信说"知道了"。和孩子的沟通非一日之功。

孩子的世界越来越奇特，父母要让孩子了解父母在忙什么，父母要了解孩子在想什么，现在家长是外星人的太多了，说的新词不知道，如果我们可以了解孩子说的是什么意思，孩子会觉得父母还挺现代。我们的孩子由于营养过剩提前进入青春期，爸爸妈妈由于压力太大过早进入更年期，青春期碰到更年期，矛盾激化。

要学会沟通，沟通的公式是"倾诉＋亲情"。孩子要学会倾诉要学会表达。现在大学生工作很难，原因很多，很多孩子不会说话，靠一张试卷走进大学校门，但靠一张试卷走不进单位大门。有一个单位招聘，问大学生想要多少钱，第一个大学生说"越多越好"，问他是否能创造这么高的价值，他说没想过。问另一个大学生年薪多少，他说"给我三百万就够了"。第三个大学生说"我不在乎，给我一个机会，我就能创造财富"。今天不是到处缺人去挖人的时代，一般人员供大于求。要和孩子商量做事，让孩子会说服别人。如果在家里一哭一闹就获得好处，这样的孩子到社会上肯定处处碰壁。

作为家长怎样和孩子说话？有三点建议：

第一，当你们发生冲突时忍着不说。

冲突时不要教育儿子。有个妈妈给儿子开家长会，回到家里喋喋不休骂儿子，儿子说"你要再说我就跳楼去"，妈妈说"不要从咱们家跳下去，四楼摔不死"，儿子跑到九楼跳下去摔死了。**冲动的时候不要气急败坏打孩子骂孩子说一些绝情的话。冷静才能教育孩子；不要当众教育孩子，要在没人的地方一对一地说。**

第二，想好了再说。

第三，好话好说。

父母要学会倾听，听比说还重要。所有的孩子都是人才都是语言大师。我的孩子一岁零八个月就送幼儿园了，儿子说话结结巴巴的，我让他慢点说话他说不出来，我妈妈让我认真听就行了，姐姐说结巴是智慧的表现，男孩好结巴是因为脑子快嘴慢，结巴的人都是聪明人。我开始听孩子说话，觉得他真的是语言大师。儿子五岁那年，我第一次坐飞机从云南回来，我以为儿子会对飞机有兴趣，儿子说看到太阳掉下去了，真怕太阳掉到海里淹死，后来看到太阳掉到陆上才放心。儿子总说我是知心姐姐他是知心哥哥，他总想帮"姐姐"忙。有一次给小读者回信，儿子说帮我回答，他说"不会的问我，会的就别问了"。一个一年级的小男孩说一个小女孩总和他生气，儿子说"你气我不气"。一个小孩说和妈妈吵架了，儿子说"好男不跟女斗"。儿子非常幽默，从幼儿园开始说相声，小学时是电台的副台长，上大学写小品演小品得了大奖，后来到一个几千人的网络公司工作，自编自导一个小品让人们都认识他。如果小时候就认为他是个结巴，估计到现在他已经是专业的结巴了。一个幽默的人必须有一个会笑的听众爱听的听众，他现在人称"李总"，他让我倒过来叫，我倒过来叫是"总理"。你要和孩子好好沟通，你才能享受天伦之乐。

第五个缺失是成就感的缺失

孩子为什么厌学、离家出走、迷恋网吧？是因为没有成就感。 我们总拿自己的孩子和别人比，一个小男孩对我说做梦都想当干部，当了小队长都特别高兴，妈妈说这是中国最小的官。他当了中队长的时候，妈妈问大队长候选人是否有他。当他当上大队委的时候，妈妈问主席谁当。爸爸妈妈对孩子总是不满意，中国父母对孩子的满意度最差。我一个朋友在美国读书，中国孩子十个球进了九个，中国妈妈不满意，说那个球怎么没进。美国孩子十个球进了一个，美国妈妈拼命鼓掌说真棒，美国妈妈说进了一个球就比没进强。充满自豪感的是进了一个球的美国孩子，充满自卑感的是进了九个球的中国孩子。

今天我们要想把孩子教育好，没有什么秘密，欣赏孩子鼓励孩子是最重要的，我的孩子是最棒的，**不要将孩子和别人比，比来比去没有了志气。**有个女孩说她的妈妈说她为什么不是哈佛女孩，她说还希望她妈妈是吴仪呢，妈妈不能是吴仪又为何非要求女儿是哈佛女孩呢？**这种比较只能比没自己的志气，人家的孩子是人家的基因创造的，和你没有关系。**我们两个人的杰作是最棒的。

要发现孩子哪最棒，提出他最棒的地方。老天给每个人一个宝盒，只有你自己有钥匙能打开，宝盒是你与众不同的地方。扬长避短，一个特别喜欢数学的孩子可能不喜欢音乐，一个喜欢音乐的孩子可能不喜欢美术。孩子是不同的，去找到你孩子最棒的地方，这就是我们存在的价值。孩子学特长，不是为了考级考证。发现孩子的兴趣、长处，他做什么最感兴趣非常重要，在孩子兴趣的路上最需要父母的掌声和微笑。

一个男孩不会拉琴，妹妹是音乐学院的学生，男孩到树林里去拉，他看到一个老奶奶，说自己拉琴很难听影响了老奶奶，老奶奶微笑着摇摇头说"我是聋子，我听不见"，于是他天天冲着老太太拉琴。后来有一天妹妹问他是谁教他拉琴能拉得那么好，他说他每天冲一个聋子拉琴，妹妹说那个老太太是音乐学院最著名的教授，教授的倾听培养了一位真正的音乐家。你的孩子真的需要掌声呀。歌星是观众用掌声捧起来的，谁造就你们家的孩子？你经常鼓励他就够了，你能看重他比任何人看重他都重要。

我儿子上初中，就报了军乐团，我反对说学喇叭没有用，儿子让我看看再说，后来我说家里没有人学过音乐，他上初中才学会吃很多苦，儿子说"有苦我自己吃，有汗我自己擦"。我问主任我们家孩子行吗，主任说看他胖乎乎的像吹喇叭的，我儿子学了6年。有次表演后晚上10点钟回家他问我："我吹的曲子你感动吗？"我说"感动"，我都不知道儿子吹的是什么曲子。我使出吃奶的力气都没吹出一点声音，儿子学会吹大号对我也有好处，我过去总是扯着脖子说话，儿子告诉我要用丹田气说话，不要用嗓子和胸说话，把丹田气运上来，我学不会。儿子让我和狗学学，我现在能一口气说4个小时，但不能喝水，嗓子圆润有薄膜保护，你喝水会冲淡，15分钟才能修复，越喝越渴越喝越干。演话剧唱歌的人一般都不喝水，讲之前和之后都可以喝。儿子学了大号，并没有搞音乐，他搞了网络，但音乐成为一种素质。

我觉得任何成长路上的学习都是一种兴致，要不断鼓励他，孩子做任何事情没有障碍，以后他会依然感兴趣。如果孩子失去了兴趣，就永远失去了这个专业。孩子需要鼓励，不被老师喜欢的孩子更需要鼓励，要给孩子一个机会体验做正面人物的成就感。有时你不觉得自己好，但听到别人说你好，你就会做好人，谁都不想当坏人。前门小学的校长想离开，墙上贴满了孩子家长老师夸他的话，他潸然泪下，决定一直在学校做下去。人来到世上都想做好人，坏人是我们说出来的。

我们怎么看孩子，不要总看到孩子身上的黑点，而是要看到他是一张白纸可塑，要发现他身上的亮点，把亮点扩大。父母的责任是帮助孩子找到宝盒，发现孩子最强的地方是什么，沿着这个路去走，孩子一生将是快乐的幸福的。现在我们的孩子实在太累了，在一个标准之下孩子不可能达到一个标准，他们各有不同，不同的孩子需要不同的方法来对待，别人头脑糊涂，你要格外清醒，因为那是你的孩子。

给孩子永远的财富

　　前面我讲到了快乐的缺失、学习目标的缺失、精神文化的缺失、心灵沟通的缺失、成就感的缺失。

　　下面我要说六条忠告，把孩子培养成财富的六句箴言：

　　1．成人比成功重要。

　　家庭教育的责任是教孩子如何做人。家庭教育是无声的，一个少年犯在回忆犯罪时说第一次犯罪是在5岁，第一次上车时母亲让他曲着腿，因此没有买票，第二次上公共汽车时他主动曲着腿上去又没有花钱，最后入室抢劫。一个小事影响到自己的一生。一个企业家回忆时说小时候他爸爸带他去看马戏，一个黑人父亲站在他父亲的前边，带着8个孩子，穿的衣服虽然很旧但很干净，当黑人把钱递到售票窗口时，票涨价了，他没有多余的钱，他的父亲拍着黑人父亲的肩膀说"先生，你的钱掉到地上了"，黑人父亲明白了，对他的父亲鞠了一躬说"谢谢"，然后捡了钱带着孩子看戏去了。他爸爸没有钱了，带着孩子回家了，但人生的这一课他永远记住了，他懂得了如何去帮助一个穷人的父亲．如果父亲当着那么多孩子的面施舍黑人父亲，他会很没有面子。于是他有了大爱，成了一个大慈善家。

　　我们的话时时影响我们的孩子，如果别人送你礼物，你说"这什么破东西呀"，孩子会知道父母不是看人而是看礼物。有绅士风度的人是影响出来的，一个男孩特别懂礼貌，他爷爷是个特别有教养的人，只要有客人就会穿礼服迎接客人，所以孩子像绅士一样对人彬彬有礼。

2. 成长比成绩重要。

大和尚让小和尚去打油，告诉小和尚不能洒，如果洒了就打他，小和尚非常紧张，哆哆嗦嗦老是洒出一些，到门口处一绊又洒了大半。老和尚又让小和尚打油，让小和尚看看风光有多好，老和尚说油洒了没关系，只要看看外面有什么东西。小和尚哼着小调走进庙门，看见油一滴都没有洒。

心态决定成败，油还是那碗油，路还是那条路，小和尚还是那个小和尚，由于心态不同结果不同。现在很多父母心态不太好，有的孩子说"昨天晚上我遭到一顿男女混合双打"，有的孩子说自从他上了学，他就变成挣分的机器。

名牌大学，能上就上，最重要的是到社会上能否适应。我们今天不要只看结果要看过程，认真走好脚下的每一步。不要在孩子上考场时说"别紧张"，你是告诉孩子"要紧张"，反而常常让人紧张。想开了你就会发现阳光永远是那么灿烂。

3. 经历比名次重要。

孩子的差距巨大，夏令营时一个特别漂亮的男孩哭了，说大男孩总欺负他。这个孩子四年级还和妈妈在一个被子里住，所以他总是想跑去和别人一起睡，别人都不和他一起睡，他就哭了。这个妈妈这么做，影响儿子健康成长。孩子不能圈养只能放养，孩子经历越多能力越强，自己的事情自己做，做一次就有收获有本事。家里的事情帮着做，孩子的操纵能力比我们强。大家的事情想着干，人家说你傻，傻就傻吧。我做了，我做了我就有经验，实践第一，现在的孩子太缺少实践经验。

给父母的三句话：

（1）娇生不能惯养。

（2）自己承担行为的结果。放纵的孩子以为对自己的行为可以不负责任。不听老人言，吃亏在眼前，现在的孩子不相信这句话，因为他们永远不吃亏。我妈妈带孩子从来不打，但是谁都听我妈妈的话，因为谁不听我妈妈的话谁就会吃亏。

（3）独立必须自主。把机会给孩子，做错了没有事，这是成长的历程。我哥哥去国外20多年，很多人受不了都回来了，但他有生存能力，他就留下去了。

4．付出比得到重要。

要让孩子一生幸福，就让孩子学会付出。没有付出，就不会产生愉悦。现在的父母对孩子付出太多了，多少父母是孩子的保姆，孩子一点不把父母放在心里，认为父母是应该的。孩子长到现在不充满感激还充满抱怨，那些父母病重在床上的孩子爱心无限，条件优越的孩子越来越冷漠。上到初中特别突出，从小娇惯的孩子无情无义。

如何培养孩子的爱心？

对儿子说"有儿子没儿子就是不一样"。男人是顶天立地的，现在男孩的阳刚之气让父母溺爱没了，你太强大了你儿子就弱化了。我从小培养儿子的男人意识，儿子给我倒茶，虽然我不爱喝凉茶，但我一口气喝完，说"有儿子和没儿子就是不一样，如果热乎点更好了"，第二天不用我说儿子就倒了热茶给我。儿子四年级时他爸爸出差，我儿子自己炒菜，虽然菜炒得不熟，但我吃得特别香，还夸儿子做得很好。现在我儿子什么都会做。过年我们去逛街，儿子埋单让我们吃东西，我想起我儿子小时候给儿子埋单时也是这么幸福。父母要学会用儿子也要学会夸儿子，一个妈妈说他儿子帮他拿包，一路上总是看她，她问儿子有什么事，儿子说"你还没说'有儿子就是不一样'呢"。有一个中学生报的记者，说妈妈整个春节都说这句话，结果活都让他包了。有一个妈妈经常对4岁的儿子说这句话，儿子经常帮她干活，儿子让妈妈帮他搔痒痒，然后儿子说"有妈妈和没妈妈就是不一样"，妈妈搔得特别起劲。对男孩只能放养不能圈养，有男孩抓紧用，以后别人用就没你什么事了。

欣赏女儿。女孩子缺少父爱，找对象可能会找像父亲般的，父母要对女儿说"有个女儿真好"，父亲说这句话要轻轻柔柔的，所有女人都爱听这句话。我经常出差，经常给我父母买东西，我母亲总说虽然不出门但能吃到各地的水果，所以我每次出门都要给我母亲买水果。我母亲不仅欣赏她的女儿还欣赏她的姑爷。我妈妈特别会爱孩子会管孩子会夸孩子。送给各位父母一句话："日出东海入西山，愁也一天乐也一天；遇事不钻牛角尖，身也舒坦心也舒坦。"

5．对话比对抗重要。

对话的前提是尊重。父母要尊重孩子，孩子要尊重父母。现在很多父母偷听孩子的电话、偷看孩子的日记。一个女孩说她妈妈偷看她的日记，她在日记里写妈妈掉了根白头发她给放在日记本里了，但妈妈并没有在日记本里找到白头发，于是妈妈拔下根白头发放在日记本里，后来女儿说妈妈看她的日记了，妈妈说没有，女儿说她开始根本没有把白头发放在日记本里；有一个妈妈看女儿把柜子的钥匙放在桌子上，想拿钥匙开柜子，爸爸说算了吧，于是妈妈把钥匙放回原处，女儿说钥匙上放了个头发丝不见了，所有的东西上都有暗号。

青春期的孩子要长大要有隐私要有秘密。家长担心没有用，孩子对异性感兴趣很正常，父母要教孩子如何和异性交往。我儿子上中学时，老师说我儿子看上一个很好的女孩，但女孩没看上我儿子，回家后我给儿子写了张纸条，"一个国家强大了，别的国家就会和你建交；一个人强大了，别人就会跟你友好；一个男人强大了，好的女人会来找你"。如果孩子不懂和异性交往的方法，孩子肯定出事。大家要陪着孩子长大，不要替孩子长大。要和孩子好好沟通，不要和孩子对立。

6．激励比指责重要。

开发孩子大脑的潜能。有一个实验，种三个洋葱头，对第一个洋葱头说"你好美呀，我爱你，好好长吧"，对第二个洋葱头说"你好丑呀，赶快死吧"，对第三个洋葱头不理不睬，结果第一个洋葱头长得特别茂盛，第二个洋葱头快死了，第三个洋葱头已经死了。父母对孩子说"笨孩子"，他就会笨给你看，你总说他棒他就会棒给你看，打开孩子心的秘诀是"孩子你真棒"，一个家长说听完我的话之后回家就对儿子说"孩子你真棒"，但孩子不信，说妈妈假惺惺的。夸孩子要从细节做起，"桌子是你擦的呀，真干净"。现在家庭中缺少惊喜，惊喜是孩子成长的动力。多肯定、多激励、少指责，这样的孩子才能是积极的孩子。

1999 年我的妈妈去世了，妈妈在抽屉里锁住了一个小本子，写了六个孩子出生的日期和我们各自孩子的出生时间，这就是妈妈的"存折"。她生前总说最大的财富就是孩子，孩子长大成人，妈妈含着微笑走了。妈妈去世的那天晚上儿子呼我，问我为什么不告诉他，我说太远了他来不了，他说我们应当叫他，他能赶回来。给姥姥送行的那天，他说明白了"这辈子我要好好照顾我妈"。我妈妈给我留下人生最重要的财富，就是儿子对妈妈的理解。做父母的究竟留给孩子什么？是遗产让孩子继承吗？把财富留给孩子不如把孩子变成财富。

快乐人生三句话，精彩人生九个字：

第一，太好了。

改变心情就改变了世界，微笑地说"太好了"。永远会快乐，**给孩子留下金山银山不如给孩子留下一个好的心态。**

（1）要对自己说声"太好了"。

要喜欢自己，对自己说"太好了"，首先要喜欢自己的长相。太阳有七种颜色，论长相你是独一无二的、你是最美的，只要你没病，人生是因为不同而精彩，喜爱自己的人会越来越美。

（2）要对别人说声"太好了"。

男人要善待女人，女人要善待男人。夫妻间没有微笑和赞美，爱情就枯萎了。一个男人回家，当妻子、孩子开门时，他要说，"太好了，我活着回来了"。男人看重自己的事业，聪明的女人永远对自己的丈夫说"你是最棒的"。女人柔美的声音最好听。

不要总想改变别人，要想改变自己，没有困难就没有胜利，不见风雨就见不到彩虹。人生要有经历困难的逾越。

第二，我能行。

改变态度就改变了命运，"我能行"是成功者的话。

第三，我帮你。

改变情感就改变了生活。人要想快乐，一定要学会关爱他人。在今天的生活中，贫困地区的孩子特别需要关爱。

精彩人生九个字：

"你真棒"，改变角度就改变关系；"我要学"，改变现在就改变未来；"我思考"，改变了头脑就改变了人生。

今天就讲到这里，希望各家变成支持的家庭，希望父母对孩子说"你真棒"，希望孩子告诉世界"我能行"。

李玫瑾

中国人民公安大学教授、研究生导师，中国警察协会学术委员，中国青少年犯罪研究会副会长，中国心理学会法律心理学专业委员会副主任。长期从事犯罪心理和青少年心理问题研究，曾对许多个案进行过详细调查，提出预防犯罪要从未成年人教育抓起。

法与人生：关注未成年人成长

◇ 李玫瑾

　　我研究的是犯罪心理，在犯罪心理研究中，有很大一部分精力在研究未成年人的犯罪预防。今天我会从心理与犯罪预防两个方面谈一下如何教育孩子。

　　孩子发展到犯罪是极少数的。我在讲的过程中，大家可以理解心理发展是怎么样的一个脉络。

　　在研究心理现象尤其是犯罪心理的时候，我们会发现很多心理现象缘于早年，包括惯犯、累犯、重特大案件的犯罪，他们的心理问题往往缘于早年。

从大学枪击事件说起

　　大家对最近在美国大学发生的枪击事件还记忆犹新，制造这起枪击案的是韩国的赵承熙，他枪杀了30多个学生。这起事件发生后，很多人关注的是美国的枪支问题，我国枪支管理比美国严得多，但一个人杀很多人的案件也有。更可怕的是心理的问题，赵承熙23岁作案，但心理问题是在他未成年时。

　　赵承熙在枪击之前，很多人发现他不太正常，比如说他从来不和别人说话、面无表情、表情从来没有变化。他的作文老师也曾和校方反映从他的作文能看出暴力倾向。赵承熙作案时虽然只有 23 岁，但犯罪心理缘于他未成年。面无表情是不希望别人了解他的心理，所以才面无表情，让别人吃不准他是什么态度。不和别人说话是不和别人交往，代表拒绝和人交流、沟通，这种拒绝也是一种方式。如果我们在家时关紧房门、关严窗户是什么背景？往往是外面非常乱，我们感觉不安全。人也一样，人在什么情况下会把心灵之门关紧？我不让你知道我的想法、我不和你交流，前提是我不知道你是谁、你是什么样的意思、你是否对我有威胁、甚至我认为你对我有威胁，这个心态的分析解释了人在什么情况下会关闭自己的心灵，应当是在不安全的情况下。枪击案发生的时候赵承熙已经 20 多岁了，他的心理问题应当出现在 12 岁之前。

人的心理发展有个顺序性，人从出生到 12 岁属于早年，在 12 岁之前和 12 岁进入青春期之后是不一样的，青春期之前是依赖和依恋，对成年人具有相当的依赖，且非常依恋。在这个背景下，孩子对周围安全的问题没有任何防范能力，需要大人在身边。从赵承熙的成长背景来看，我们看他历史上曾发生过什么？他 8 岁从韩国迁到美国，他父母把他和姐姐也接到美国，后来他父母因为处理韩国家里的事情又双双回到韩国，把他和姐姐放在美国。8 岁属于很弱小的状态，属于依赖和依恋的阶段，非常渴望身边有大人，更何况他当时又面对变换环境的行为。韩国人是亚洲人，与欧美人长相不同，他看到周围的人长相都不一样，高耸的眉骨、个子高大，心理会有陌生的恐惧感。还有语言的问题，孩子来到完全陌生的环境，这个陌生的环境会导致恐惧，在这种背景下他有一段时间是极度无助且十分恐惧的，这个问题可以从他的作文中得到印证，他在作文中想象的是什么样的世界？《北京晚报》

曾经刊登过他写的作文，他写了一个继父，杀了他的父亲霸占了他的母亲，对他有一种企图，从作文可以看出他觉得这个家庭中最重要的人是父亲，一旦父亲被人杀了母亲就很危险，他自己也很危险。从他的作文到表情都可以看出他最担心的是什么，他的犯罪心理问题由此可见，他对外界的仇视、拒绝、不交流，他在案件前曾经说了一段话："你们有房子，汽车，你们要什么都有了，你们为什么？你们有无数机会可以避免流血的发生……"这些话对富有的人充满仇恨，他们家搬迁是因为贫穷，美国比较富有，他周围的美国人都比较富有，且美国人性格比较张扬，让他更感觉到一种仇恨，他的心理问题缘于 8 岁前后。

孩子的问题是成年人造就的

很多家长找我咨询，还有朋友谈论一些问题时，谈到现在的网络问题。很多家长看到孩子上网成瘾或者不学习就非常着急，着急如何教育孩子。

我们在这些问题上要有个理念：未成年人的问题是成年人造就的，未成年人的问题是滞后反映。孩子心理问题往往是先由别的问题引发，表现出现往往是在后来。像大学生、研究生自杀，他们的心理问题应当是在青春期前后即初中阶段，如果一个孩子在小学或初中就出现行为问题，那么心理问题应当是在 6 岁之前。未成年人的行为问题是滞后反映，当表现出行为问题的时候略有些晚了，要想改的时候就有点难了。

孩子的问题是成年人造就的，要想改变孩子的行为，身边大人的行为要先改变。环境造就人的心理，现在很多人看到的只是孩子的问题。广东曾经发生校园暴力，记者打电话给我，问如何加强对孩子的法治教育，我说："你错了，应该是怎么样对他身边的大人加强教育。"保护好孩子才会减少孩子的暴力行为，而不是直接对孩子做工作，直接对孩子做工作你会发现没有效果，因为他的环境没有变。有些父母和孩子关系闹得很僵，孩子认为父母不对，父母认为孩子不对，其实父母是主要的。

我们还要有个理念：未成年人是被动的弱者。有的时候我们在社会关系中会涉及到很多种关系，未成年人是个很特殊的群体，我们在家中会认为孩子是个宝贝，弱小和被动是孩子的特点，他吃什么是你喂进去的，甚至他长大了、一辈子爱吃的都是早年你常喂的，他做人的很多基础性的东西也是你给他的，如果孩子不懂事，一定是你对他的行为教育有问题，如果孩子特别任性不懂孝敬，你不要责怪孩子，问题一定在你身上，也就是说你没有给他灌输一些基本的道理，没有给他建立基本的行为准则。

所以今天主要讲这三个问题：第一个问题是未成年人的行为是滞后反映，当你发现孩子有问题时要向前反省哪一步做错了；第二个问题是孩子的问题是成年人造就的；第三个问题是未成年人是被动的弱者，你给他什么，他就会回你什么。

人的心理发展

未成年人心理发展是有阶段性的，真正要把孩子教育好，应当从小做起。首先给大家讲讲人的心理发展和呈现的问题。

心理发展主要是心理学研究中最基础的知识，讲心理发展是什么样的过程和阶段，大家由此来了解人的心理发展是怎么回事。人的发展大致经过这样几个阶段：

1. 动作发展。这是人最早出现的心理现象。

女性在怀孕的时候，四个月就有胎动，胎动是生命独立的表现，开始有自己活动的征象。做母亲的都知道，他动的时候，你不让他动是很难的，动是孩子神经系统的发展，会看出孩子的动作多少、好动好静以及神经系统的协调性，甚至影响到孩子的智力。这是最早的发展，更多的偏重于生理，但和以后的气质有一定关系。

2. 情感发展。

情感发展会伴随着言语发展，这个过程中包括情感、言语、社会性、认知的发展，还有一个就是观念和性格的发展，性格一旦在发展过程中出现的话，会涉及到孩子道德发展和人格发展。当孩子的人格呈现一定特点的时候，孩子已经接近成年就到了18岁左右。

情感发展是人的需求满足与否的感受的东西。人虽然是一种高级动物，但正因为高级，在出生的初期却是相当的无能。低等动物出生时能力很强，而高等动物出生后能力却很弱。比如小鸡出生后很快能走能独立找食吃，小蛇也是如此。比它稍微高一级一些的哺乳动物如小猫小狗出生后有一段时间睁不开眼睛，但可以蠕动身体，有一定的自主性，但人是不行的。人虽然是最高级的动物，但出生时不如小鸡小蛇也不如小猫小狗，孩子出生后放在那里，不能抬头不能左右自己的身体，唯一能动的是手脚乱摸乱踹，但是没有用处、无目的性的。孩子有先天的本能是具有吸吮反射，把孩子放在那里，用手触及脸或者某个部位，他会移动嘴。孩子出生后能够左右自己的就是面部范围，其他范围不能动。这种状态决定了人的一个特点，人要生存下来，必须依赖另外一个人，完全的依赖，一天24小时的依赖，他所有的一切都需要别人来帮他完成，抚养人要给他喂奶、换尿布、换体位，孩子有几个最基本的需求：吃、拉、变换体位，最重要的是小孩需要变换体位。有的时候小孩吃饱后仍会闹，抱起来就好，这是因为体位需要变换。

孩子来到世界上，睁开眼睛看到的最早的一切东西都会成为最早的感知觉，这个感知觉会成为一种记忆留在脑海中，并且是抹不掉的。虽然我们不记得1岁之前的事情，但你会知道某个人在你身边时你很舒服，这就和你1岁之前的记忆有关。这个抚养人是给你带来愉快感受的人，当你饿的时候，他给你吃，当你难受拉尿的时候，他给你换干净，他来了就会把你抱起来，这个人的面孔、声音、气味都会留在这个孩子的感觉里。当孩子到半岁左右，会出现认人的现象，这个人一出现，孩子特别快乐，这个人不出现，比如半年后妈妈上班由奶奶接手，当奶奶刚接手时他会哭闹，因为这个人长得和他熟悉的人不一样，味道、声音不一样，他明明饿却不吃，怎么抱都不睡，半岁左右人就出现了情感依恋，这是人最早情绪的发展，这又决定了他和别人的关系，决定了一个人对另外一个人的情感发展，这个情感重要在哪？

很多家长不太注意这个东西，搞心理学的人都知道，如果一个母亲在孩子出生后就把他送到奶奶家，到孩子该上小学时6岁时接回来，这个孩子和母亲有终身的隔阂和障碍，青春期时很难管，甚至当母亲和奶奶有冲突，孩子从心理上恨他母亲，就是因为缺少早年的情感依恋。

我们和很多年轻的母亲都要讲一句话，孩子出生后无论生活再难工作再忙，头一年半的孩子一定要自己带，这是情感投资。

当你和一个成年人打交道的时候，你用什么做基础？实际上也是情感。狱管干部要管理好犯人，要和犯人搞好感情关系，犯人才会接受要求和建议。**人的教育的基本权利在于早年的付出，如果对孩子没有早年的付出，就丧失了以后对他的心理控制力。心**

理控制力和其他控制力是不一样的，领导对下层只是权力控制，下属服从你只是一种关系，并不是心里真正喜欢你。如果孩子心理和你没有关系，很难接受你的管理。有很多这样的家庭，孩子出生后父亲在外地当兵，偶尔回来但很少管孩子，孩子大后父亲回来，孩子和父亲话很少，甚至不亲近，对父亲没有依恋，如果孩子有行为问题父亲要管他的时候，他的表现是什么？尊重他的，他还稍微不太反感，如果你管重一点，他马上就会和你势不两立。**情感依恋在孩子成长过程中起着相当大的控制力**，有些男孩很淘气，当妈妈表现出不高兴的时候，孩子会往妈妈怀里拱，意思是"你不要生气"，会想办法讨好你，这是自己带的孩子，如果不是这样的关系就很麻烦。

我看溥仪写的《我的前半生》中讲到他7岁到十几岁的时候非常没有人性，经常恶作剧，拿太监开心，突发奇想让太监做不能做的事情，让太监吃石头之类，周围人想阻止他但是不敢，把他的老师叫过来，师傅来了之后说"你是未来的尊主，不要做这种不仁义的事情，你要做仁德的尊主"，他就和老师讲理，老师讲不过他。但只有他的奶妈能制止他的行为，他说"奶妈来了，只有她的话是不好违拗的"，这是奶大了他的奶妈，每次她一来，告诉他石头是不能吃的，他就不让太监吃了，他从来不和奶妈讲理，但听奶妈的，这里面就有一个奶妈是他依恋的对象的关系。

被拐卖的孩子若干年之后被找到，妈妈哭得像个泪人一样，孩子面无表情。没有抚养的付出，就没有对孩子心理的控制和影响力。**很多家长到孩子青春期时认为很难管，可以肯定这个孩子早年不是自己带的，这是个基本的事实。要想教育孩子，孩子出生后头一年的抚养权一定不要给别人，一旦给了别人就丧失了对他一生的控制。**

再说说情感发展和言语发展的关系。

在抚养过程中，有情感的抚养一定是唠叨（有话）的，没有情感的抚养是没有话的。比如妈妈给孩子换尿布，妈妈拿热水放好痱子粉，用热水给孩子擦干净，扑好粉，找块新的尿布换过去，这其中有一大堆的话"宝宝拉臭臭了"、"妈妈给你换尿布了"等等，这个过程中做妈妈的肯定唠叨。如果把孩子送到幼儿园，一个老师看 10 个孩子，换尿布一定非常快，她会和每个孩子都说那么多话吗？不可能，那样一上午都干不完。一对一的抚养和一对多的抚养是不一样的。有的家庭找保姆看孩子，保姆有不同的情况，有的是年轻的没有带过孩子，有的有孩子但看到孩子更想自己的孩子，不像母亲和奶奶对孩子的感情。我经常看到保姆把孩子放在小车里自己在和别人聊天。

唠叨不仅是对孩子，家里养个小猫，凡是你喜爱的一定是有话的，孩子在有话的抚养方式下长大，听得多就掌握得快。有个同事学外语学了 10 年，口语还是不行，问老师如何把听说练上去，老师说"你看看美国的傻子会不会说英语"，老师的意思是你就要多听。孩子的语言就是这样，在抚养过程中说话早的孩子一定是身边亲人很多的，是个大家庭，孩子身边人不断，总有人说话聊天，这种孩子见了人不发怵，说话也会早。当孩子第一次叫爸爸妈妈的时候，因为是一对一的抚养，关注很高，妈妈很快就发现，会告诉周围的人孩子会叫爸爸妈妈了，父母一定会跑过来印证这个问题，孩子明白发出这个音爸爸妈妈就会高兴。孩子的言语发展是在这种抚养的背景下发生的，这种孩子会关注别人的反应，他会发现如何做对方很高兴，如果他学句广告词大家都会很高兴，他就会看着你反复说这句广告词。言语发展好，一定关注别人，社会性发展就会出现，会关注别人的表情、反应，在别人的反应

53

法与人生：关注未成年人成长

中做出自己的行为。

如果一个家庭人很少、单亲，妈妈因工作关系很少和孩子说话。举个例子，妈妈是个做实验的知识分子，生完孩子没多久就要去实验室做实验，就把孩子带到实验室，放在一个地方放点吃的喝的，这边上好闹钟，闹钟一闹就过去喂奶。孩子玩玩具，看妈妈做实验他就玩自己的，当他发音的时候，妈妈都没注意，后来妈妈把孩子领出去碰到同事让他叫叔叔，他会躲，他张不开嘴，他很少和人交流，这种孩子发育的特点是什么？他成长环境是安静的，会让他全力以赴地去做一件事情，这种孩子走入学校，和前一种孩子上课的表现是不一样的，前一个上课活灵活现，学习成绩好的肯定是后者，他注意力非常稳定，不关注周围。有的家长说孩子挺聪明的，就是学习成绩不好，就是社会性发展影响到他的认知方式。我会开玩笑"别着急，这个孩子大了以后没准当领导"，因为他擅长关注周围的人擅长关注周围人的反应。后一种孩子适合搞理工科，理工科的高材生都是不擅言语、不擅活灵活现和周围人打交道的。

清华大学有个学生刘海洋曾经用硫酸浇熊，刘海洋被抓后记者问我如何看这件事，我理解刘海洋不是因为憎恨熊这种动物所以要烧它，他自己也讲了因为都说熊嗅觉好，他想做个实验以证明熊是否嗅觉好，看熊闻到那种异味是否会跑掉，刘海洋想只有做实验才能证明。我们研究了刘海洋的家庭，他是单亲家庭，出生不到4岁父母离婚，父亲走了。母亲非常要强，要自己带大儿子，母亲对他管教非常严，除了上学不让他外出，母亲上班就把他锁在家中，给他买了很多书。他有一个偏瘫的姥姥，在床上给他留了一片小天地。刘海洋自己也说一个书桌一个窗户伴随他的成长，他学习成绩非常好，但也非常呆，他后来喜欢生物，是因为窗户外面能看到鸟，所以他对动物有兴趣。母亲非要让他上清华大学，清华大学没有动物系，他学了机电，他仍然对动物有兴趣。

人的情感发展会影响到言语发展，而言语发展会影响社会性发展，社会性发展好的孩子属于和人打交道的、不怵人。有一次"小崔说事"栏目中讲了三个小孩，都是十一二岁的，一个是北京通州的、一个是密云的、一个是四川的，每个孩子表演自己的绝活：四川小孩展示自己发明的洗脚器，一按按钮水就可以灌进来，再一按按钮水就停了，按个按钮就开始加热，把脚放进去，洗完之后再按个按钮水就排出去，不用动就洗完脚了。他说："我看书的时候我妈妈老让我洗脚，我觉得很烦，所以就发明了这个洗脚器。"崔永元问他这个发明难吗？他觉得不难、很简单，崔永元问他什么是困难，小孩说"最困难的是和人打交道"，他说因为发明洗脚器关系很明确，和人打交道很难。这个男孩说出一个真理：和人打交道是最难的。因为不像物理、数学关系那么简单，擅长社会性发展和擅长学习的难度不一样。人的心理发展很大一部分取决于早年的抚养，能决定人的认知方式。

3．性格发展。

性格的发展也是非常重要的一个问题，北京曾经发生过一个4少年绑架杀人的案件。四人年龄都不到18周岁，作案后不能判死刑，所以决定干个大的，就商量绑架杀人。他们认准了一个有钱的同学，但那个同学的爸爸开车来把他接走了。他们不死心，后来又出来一个同学，把这个同学勒死了，打电话让被害同学的家里汇150万元到某个账户上。判决的结果是两个无期一个15年一个3年，在法庭之外4个人相视而笑，没有一个人死刑，这个画面被北京电视台记者拍下来，《北京晚报》当天就发了一个新闻《四少年躲过死刑，法庭之外相视而笑》。我提出要见这四个少年，见到之后分别聊,这四个少年谁也不傻都非常聪明,都有辍学的背景。我问的是从小家里谁带的时间最多、小时是否上过幼儿园、小时和谁最亲、都做些什么。

检察官说在起诉之前走访了这几个孩子的家庭,每个人的家庭都是健全的,也不是很贫困,有的家庭生活条件还不错。为什么这些孩了会犯罪?问家长如何把孩子教育成这样,这些孩子的妈妈哭、父亲抽烟,说为了这个孩子打也打过骂也骂过,但管不了,他根本不听。把我叫上去问我是如何看的。这几个孩子都有一个共同特点,走上犯罪道路都和他们辍学有关。有个孩子辍学之后父亲把他送到少林寺上了一年的武校,家庭都做了努力。看似问题在小学到中学,实际上孩子的心理问题是在6岁之前,这个案件很典型的是性格发展,性格发展和观念相关,但性格更多的是行为方式。

简单地说,性格是一个人后天形成的社会行为方式。关键词是后天形成、社会行为方式。行为有很多种类型,学习成绩好坏是智力行为,不是社会行为,与别人没有关系。还有一种行为是脾气,比如这个人说话、走路、睡觉快,做事风风火火,这也不是社会行为,这是气质行为。当我说这个人很自私,这就是社会行为,如果没有别人在的情况下,这种情况就不存在,性格一定是和别人有关的行为。类似的像残忍、冷漠,残忍指对另外一个生命如蚂蚁、蚂蚱、小猫小狗等甚至对他人的性命,冷漠是对别人的情感没有反应、不见得回报。关心他人、乐于助人、热情、大方、善良都是性格。

社会行为为何是后天的?气质是先天的,智力也是先天的,一个人不擅长数学,别指望把他培养成数学家。他思维方式就是不擅长数学。绘画好的人数学一定差,数学好的人绘画差,这都是先天的。性格是后天的。

性格是怎么样形成的？是伴随人的成长过程中形成的。性格培养往往在于父母和孩子的互动唠叨，这会给孩子形成一个观念。抱两三岁的孩子到别人家玩，拿吃的喝的玩的给孩子，孩子吃呀玩呀特别高兴，走的时候吃的还要再抓一把、玩的不撒手。这时，妈妈的态度就会给孩子造成影响。如果妈妈让孩子把东西拿走，这就给孩子一种态度。有的妈妈让孩子把东西放下，孩子哭也不让孩子拿，出来之后有的妈妈教育孩子不能拿人家的东西，人家给吃的东西要说谢谢，玩的东西不能拿走，可以自己买但不能拿别人的。妈妈就给孩子一个信号，别人的东西不能拿、东西是有你我之分的，给孩子灌输一个观念。前一个孩子要什么就得给什么不给就闹，后一个孩子知道别人的东西不能要，我如果需要就让妈妈给我买，大了自己挣钱去买不能拿别人的。这就是观念和性格的养成。

　　对性格的培养，我有个观点是要在6岁之前对孩子说"不"。孩子从出生之后，要想达到一个什么目的，所有表达都是哭声，我们最开始根据孩子的哭声做反应，孩子哭了不是饿了就是拉了，我们会根据哭声来做反应。孩子2岁能够说简单的话，3岁能表达自己的意思，但说话不如哭方便，孩子在不高兴的时候会哭，但3岁时候的哭和1岁时候的哭是不一样的，1岁时候的哭是有问题，3岁时候的哭是有意向，要根据外界控制，不然会随意闹下去。3岁之前告诉他这件事不能做，他知道了，以后就不闹了，等12岁之后懂事了告诉他现在不能再闹了，孩子可以离家出走，离家出走的孩子是利用你的爱，因为在此之前你没有对他说过不。

　　对孩子说"不"最好选择在3至4岁之间，当你发现孩子因为一件不合理的事情而闹的时候，比如他要拿菜刀，你说危险，他开始哭，你把菜刀拿走说敢动就打他，**孩子会闹，这时不要打他，**

不要骂他，也不要讲道理，你复杂的言语在他耳中就是噪音，你应当搬个椅子坐在他面前，他会很气愤很痛苦，因为他以前哭你会把他抱起来会给他安慰，而这时你却坐在那儿看着他。看着他哭，等他哭完给他擦擦脸，问他，"你还想哭吗？如果想哭可以继续哭"。在他不哭的情况下，再和他讲道理，告诉他："你长大了，会说话了，有问题你说出来和我商量，如果你说得有道理能够说服我，我就按照你说的做，你这么闹是不行的。"这样有两个优点，逼着孩子和你交流，很多孩子有问题是因为不和大人交流，告诉他哭是没有用的，要说出来才行，而当孩子以后说的时候你要真正当回事。我的孩子小时候盖着被子哭，我不理她，看着她哭，一直哭到她睡着，睡醒之后我给她擦脸，我说她这么闹是没有用的，有事好好说。在她以后成长过程中除了有一次看牙之外很少哭。有一次我们走在外面，她问我"我乖吗？"我说"挺乖的"，走了几步她又问我"我乖吗？"她一边摇我的手一边看旁边卖冰棍的，我告诉她直接对我说"我乖吗？我能吃一根冰棍吗？"性格的形成是在小时候，等到孩子十二三岁懂事的时候再开始说已经晚了，9岁以后孩子就敢离家出走。

性格培养还有很多方面，比如刚才讲的这几个少年辍学的问题，这几个少年智力上不傻，完全能学好学校的东西。问他们为什么不上学，他们的回答很简单"上学没劲，玩有劲"。问不上学之后怎么办，他们说"不知道，没想过"。小学六年级就辍学，那么小的年纪能想那么遥远的未来吗？我就想两个问题，这个孩子一定从小被宠，宠的结果是想干什么就干什么，6岁之前该说"不"的话没说，到12岁之后就控制不了了。

6岁之前要对孩子做一些训练，一个是行为训练，一个是耐性训练。举两个训练的小例子，小孩为什么坐不住？是没有忍受身体难受滋味的能力，孩子坐在那里一坐就是一天或者大半天，他会很难受。在他上学之前对他要有身体忍耐力的训练，比如吃饭，孩子到了四五岁之后就上桌和大人一起吃饭，这种背景下要开始给孩子立规矩，大人不上桌不动筷子他就不能吃饭。这个事情看似简单实际很重要，一个是对大人的尊重，孩子要学会克制，这是对饥饿的忍耐，稍许饿一会儿，孩子不会有问题，要等到大人都吃，这个等待就是一种训练，要孩子忍受身体上的不适。可能开始孩子会闹，但会养成习惯，让他知道家里有比他更重要的人。

这就是一种忍耐的训练，还有一种叫期待训练，让孩子知道忍耐、期待才能获取更多的东西。可以给孩子喜欢吃的糖果，如果不吃就再给他两块，告诉他自己决定，最好是几个孩子都在，早晨八点钟给一人发一块，告诉孩子如果放到下午四点就可以增加两块，给完糖后有的孩子剥开就吃有的孩子想想后放起来，下午四点看看谁的糖果还在，糖还在的给加两块。第二天再这样做，所有的孩子都不会吃。克制和等待以获取更多的东西，这些都会对性格造成影响，走向社会对自我的克制是很重要的，不是什么都能实现的。延时满足和即时满足看似很简单，但对孩子培养的性格截然不同，冲动是不成熟的表现，冲动的孩子大多数都是任性的，即时满足的孩子永远有要求且要求要马上满足，后一种孩子知道等待，这些都是性格的培养。包括上学的孩子，能够坐住就是一种性格的培养，只有坐住才会学习今后要用的东西。

性格的问题很多缘于我们早年的教育，有的人咨询时说孩子上学表现不好、到部队当兵也不好、到军校被开除、到邮电局工作两年又被开除了，这个孩子已经21岁了，问我有什么办法，我说没有办法了，这个孩子自己没有吃过苦，不懂这个问题，会一而再、再而三地出现问题。让孩子吃苦包括体育上、身体上的痛苦训练是好的，不要以为不让孩子吃一点苦就是好的，孩子小时候吃一点苦对他成年以后有帮助。不要以孩子的成绩断定自己的成功，现在很多大学生、研究生自杀，性格和心理健康有问题。有个博士生留学回来刚结婚突然从楼上跳下来，自杀的人中得抑郁症的非常多。北师大的一个研究生跳楼是因为申请学校允许他论文延迟答辩，学校不允许，他就自杀了。心理的耐挫能力很差，无法面对自己失败。品尝痛苦是成长过程中必须学会的，这件事非常不高兴但必须学会忍受，对孩子说"不"，因为这是成长过程中必须的，长大不是所有需求都能被满足的，现实是很多想做的事就是不能做。要让孩子在体力上忍受痛苦，很多体育活动如长跑、游泳都要经过一些不愉快的感觉，很多孩子怕水，老师把孩子往水里扔，感觉被淹没了，挣扎扑腾就上来了，以后孩子就不再怕水，如果不扔下去孩子永远不敢下水。像长跑一样，靠忍耐调整状态，等到征服之后你会发觉没有什么是过不去的。我们小时候搞长征拉练，走得脚底起泡、饿得浑身无力，走过之后会发现没有什么是不能克服的。现在孩子安全一出现问题家长就告学校，很多学校不敢搞体育训练，但很多体育训练必须在学校搞，为了孩子健康发展，不能计算一点点得失，学校要做好安全保险等问题。学校不做，孩子没有机会吃苦。

孩子进入中小学

下面讲讲人早年的教育对他以后的影响。孩子 6 岁之后进入小学，相对是比较平衡的，是学习的基础阶段，父母既要关注又不要太多，太多会造成包揽，可以看着他整理书包但一定要他自己整理，自己的事情要自己做，养成习惯。如果上学之前有一些训练，走上学校是没有问题的。

小学阶段相对比较平衡，中学比较麻烦，12 岁之后上初中发展到青春期，从出生对父母的依赖依恋一直要持续到青春期。青春期从身高变化开始，是生殖功能的发育期，第一阶段是有性器官没有性功能的阶段，第二阶段是性功能的出现，这就是青春期的起动。青春期有两大变化，第一是身高，女孩出现月经男孩出现排精，女孩比男孩发育略早一两年，男孩大约十一二岁之后出现，这会带来孩子很大的心理变化。青春期以前一年才长 3 到 5 厘米，青春期一年可以长到 15 公分。

身高的变化会带来视觉变化，原来是仰视，人的感知决定人的心理，站得高看得更多，仰视、平视和俯视是不一样的。心理学家做过一个实验，仿照着孩子和家具的比例，将房间内的家具做得比成年人大，让成年人进去参观，出口有一个留言册，大人写参观后才知道为何孩子好奇心那么大，因为他看不见，孩子为什么粘大人是因为有些事情他无法做到。有个家长说有一次出门对孩子说不能让抱，如果让抱就不带他出去了，孩子说不用抱，但走在街上孩子反悔了，想让妈妈抱，妈妈不理他，孩子就哭。妈妈蹲下和他说话，说话时注意到眼前晃动的都是人的大腿，她才理解了孩子的心理。孩子个子低，他的感受大人很难理解。过去孩子是仰视，对你有一种天然的依赖，有一年他突然长大了，你再用以往的方式和他说话，他会觉得你小瞧他，个子不一样了，身高的比例会导致人的心理不一样。

当孩子在一年之内突然长到和大人一样高时，心态会改变，开始有成人意识，逆反心态就开始出现。**什么是青春期？青春期是**和家长打过招呼之后就进入自己的房间关上门，孩子要开始独立了，不希望大人管，如果大人不问，他不会主动和你说。逆反和孩子心理发展有关，从出生到三四岁到 12 岁，爸爸妈妈天天在身边，能说的话都说过了，反复的也是这些东西，如果再说就开始烦了。你讲他小时候的事情，第一次讲的时候他听着很新鲜，当第二、三次说的时候，你该说的话基本说完了，这个阶段他开始烦你了。孩子 3 岁之前可以唠叨，12 岁之后母亲一定要管紧嘴、少说，男孩最怕母亲唠叨，很多问题都是在母亲的唠叨中产生的。

杀母的徐力的母亲对他管教非常严格，不让他踢球只让他学习。有一次他和同学约好踢球，但考虑到妈妈不让他去就不想和他妈妈说，他写完作业换鞋的时候，母亲总说他，他用榔头砸向他的母亲。

因为很小的事情，家长会发现孩子特别不是东西，你对他好他也反感你，所以家长要控制自己的唠叨，变成冷静，偶尔说他，说他要点到，不要多说，点到即可。

青春期自尊心特别强。

独立、逆反、自尊，这时他特别在乎他的脸面，特别在乎别人对他的看法。到我现在这个年龄我知道不可能让所有人喜欢我，有人不喜欢我，我会和不喜欢我的人礼貌相处，你不喜欢我，我也不喜欢你，这个年龄会掌握这样的交往方式。但孩子不能，孩子想让所有人都喜欢他，很在乎别人的看法。一个孩子的学习成绩很大程度上取决于和老师的关系，这个老师看重他，他这科学习成绩就会好，如果老师不看重他，他这科学习成绩就不会好。老师对孩子不太尊重就出现问题，父母也一样，对他的关注对他说话的语气都要调整，孩子到青春期是完全不同的，在内心要把他看成是一个大人。有一个妈妈担心女儿乱交男朋友而拼命干涉，偷看女儿日记，女儿发现后离家出走。我问这个妈妈："如果你知道同事抽屉里有个日记本，会趁他不在的时候拉开抽屉看他的日记吗？"妈妈说不会，她说没有办法了解女儿的心理。我说不是偷看日记就能了解孩子心理的，要和孩子做朋友，虽然有些事孩子不能和你说，一旦说一些事的时候你不要简单地说对与不对，而是讨论这件事。

初中时男孩和男孩、女孩和女孩会成为特别好的朋友，16岁以后会交异性朋友，这是正常的。如果20岁都不敢见异性或者见到异性就低头脸红，那么孩子发展有障碍。母亲要和女儿、父亲要和儿子做好心理交流，同事的东西不能看，孩子的东西也不能动。可以和孩子聊天，聊天过程中一定要摆正自己的位置，不要居高临下，问孩子如何和朋友交往？烦不烦？学习累不累？让孩子感觉与你有相同的背景经历，这就是大人的智慧，我们在教育孩子过程中需要智慧、技巧，有些事运用技巧就会很顺利。12岁之后孩子自尊很强，要让孩子感觉到你对他很尊重，家中有大事要把孩子叫过来讨论，让他感觉到是家庭的一员，比如告诉他"奶奶生病了需要人照顾，我们考虑到你的学习，但真的忙不过来的时候你也要准备照顾奶奶"，让孩子感觉他是家里的一部分，为了学习什么都不要孩子管的教育是最糟糕的。

在这个年龄段，孩子总是想独立，不需要大人来参与。一个小学生在课间和同学发生争吵，可以哭着到老师那儿告状。到中学，如果两个孩子在课间打架，上课时一个同学哭着告老师，全班都会嘲笑他。他不会找大人，同龄人要有个新的依赖关系。12岁之后依赖同学，小孩刚出生没多久会说"我妈说"，上幼儿园会说"阿姨说"，上小学会说"老师说"，小学之前的口头语都是长辈，中学之后会说"同学说"，这时老师已经没有地位了，再大就是"书上说"、"网上说"，最后就是"我说"。青春期他想摆脱成年人，但不能独立处理很多问题，需要寻找新的依赖对象，就是他的同伴，在中学结交同伴非常普遍，很多孩子学坏往往也在这个时间，近朱者赤、近墨者黑，和别的孩子的交往会影响他的发展。这就是孩子的独立性和向群性。

在孩子小的时候，思维发展分四个阶段，从出生到18岁有四个阶段：第一个阶段，动作思维；第二个阶段，替代实物思维，把小板凳摆起来模仿火车，井绳就是蛇的替代；第三个阶段，符号替代思维，一般是从小学到初中；第四个阶段，抽象思维。

初中后开始摆脱实物，到初中这个阶段，青春期中期已经进入抽象思维，人的社会经历越复杂，抽象思维水平就越好，社会经历越简单，抽象思维越困难。有抽象思维能力，但社会阅历不足，很多问题理解比较困难，要理解需要替代，很多时候是用文字替代，小说、文学的东西来替代孩子社会阅历的丰富，所以孩子特别容易陷入看小说的痴迷之中。还有网络，网络是现实世界的替代，比如游戏，涉及到人与人之间如何征服，孩子容易陷入想象的境地之中，以想象代替现实。

青春期的心理问题是性的发展，孩子出现性功能，内分泌系统发生变化，会特别兴奋、莫名地激动、忐忑不安，这种关注很难通过正常的渠道得以解决。五六岁的孩子可以问妈妈他是从哪来的，初中生不会问，但这不代表他不困惑，他也会疑惑男与女之间的事情，在这个阶段也容易出问题。

下面讲一下如上问题相应的对策。

当孩子出现独立、自尊、逆反的时候，我们应当适量给他宽松的环境，要调整家长教育的意识，要尊重他，对朋友同事不能做的也不能对他做。

针对逆反的问题，不要唠叨，低层次的话要克服，"不要看电视了"、"你该换衣服了"这些话少说。

针对独立性和向群性的问题，父母应当有这样两个意识：了解孩子交什么样的朋友，了解他朋友的家庭背景和社会背景，但不要过多干涉，一定要孩子有好朋友，他有问题可以通过朋友疏散。如果孩子交的朋友有问题，可能有另外一个原因，孩子在初中可能面临人与人的冲突，自己解决不了需要找同伴，找坏孩子最安全，在学校被欺负，让父母天天送是不可能的，在学校找个坏孩子做朋友就不会再有人欺负你。遇到这种情况不能简单斥责，要解决两个问题，他的安全问题，比如有人扬言要钱有人勒索，可以暗地里帮助他。我的孩子上学，我在后面尾随，以这种方式保护她，有的时候可以告诉校方、警方。告诉孩子怎么不去惹事，发现孩子和别人交往不好，不要说"这个孩子不好，不要和他交往"，这样孩子会反感，你要说："我发现你和谁不错，你觉得他有什么样的优点？"他会告诉你他对朋友的看法，你也会知道他为什么选择和这个人交朋友，把每个人的优点说一说，有引导地让他交朋友。有的孩子不是特别坏，你尊重他，他冲着你就会好好待你的孩子。

　　告诉自己的孩子哪些事可做哪些事不可做。一个男孩打另外一个女孩，把他的朋友叫去，一个孩子站在门口假装看门。后来女孩找到打人的三个男孩和看门的这个男孩的家长，平均分赔偿金，这个妈妈觉得很委屈。我觉得她事先没有告诉孩子，虽然和朋友关系很好，不好意思拒绝，但可以说"我先去趟厕所，你们先去"。孩子和别人交往是有原因的，孩子的向群性发展，要教会孩子处理麻烦的方法、技巧，告诉孩子哪些事情绝对不能干。比如抢劫，一定不要去。打架要少参与。

　　让孩子多接触社会，让孩子利用寒暑假打工或者回老家体验一下生活，不要老让他在家里电脑前守着，让他多参加体育项目，让孩子多参与帮助别人的活动。美国中学生都会有义工的规定，到社区

65

法与人生：关注未成年人成长

做服务性的工作，而我们这样的规定没有，致使孩子缺少社会参与感。

性教育相对比较难，网络也存在问题。**性教育应当从小开始，我们如何去理解性的概念？很多人就是讲生殖、避孕教育，这是错的。**儿童时期是 6 岁之前，这个工作应当由母亲来做，在给孩子洗澡的时候要和孩子交流，告诉他为何只有妈妈能给他洗澡，因为身体不是所有人都能看的。我在"今日说法"做了一系列节目，有一次现场请了几个 6 岁的孩子，问他们男孩女孩有什么区别，孩子不懂，拿个娃娃给孩子们讲，告诉他们娃娃不穿衣服不合适。告诉孩子们有些部位不能让别人看不能让别人摸，如果有人看有人摸一定要告诉妈妈，让孩子有这样的意识，让他形成性保护。青春期、初中这个阶段，给孩子一个青春启动的仪式，父母不要回避谈性。我的孩子小时候看电视看到接吻会捂眼睛，我告诉她这是一般两个人都挣钱有工作了找到喜欢的人可以接吻。她问为什么小孩不能接吻，我说因为小孩还没有长好。初中时她说老师怀孕了，我告诉她结婚不能马上怀孕，两个人要磨合，如果不负责任就不能结合。当孩子问到这个问题的时候，把他作为大人平等地和他讲，这样孩子反而不会学坏，因为他已经想开了不那么好奇了。告诉他们必须自己有独立的生存能力，不能依赖别人，先要把自己安顿好，才能两个人共同组建一个家庭。

学校教育时应当给孩子讲一个道理，婚姻、家庭、性是不同的问题，恋爱阶段你是选择异性，在选择过程中肯定会有标准，这个世界上符合标准的不是一个人，对方不愿意，这个人就不是你的。出色的异性很多，每个人都有各自的优势，和孩子们去讲你爱的是一类人而不是一个，这个人不合适是因为还没有找到。为什么要结婚要由法律来认定，可以给孩子们讲讲历史，人类早期群居、乱婚，人们认识到如果乱来会导致人类自身繁衍的问题，近亲结婚会出现低能儿，人类认识到这个问题才规定近亲不能结婚，让孩子们懂得这个关系。试婚没有打算负责任，登记结婚是以法律的形式向你保证我对你负责，和恋爱不是一回事。把道理讲给孩子，最后才是去讲如何避孕。前面的道理需要我们给孩子讲，对天真的孩子，教育的方式有很多种，很多家长担心孩子早恋，如果你好好待他，心不会走，不要简单处理。我的孩子初三时有异常，我从来不问她是否有男朋友，她到外面没有什么问题，后来有一次我撞见她和别人拥抱，她也看到我了。我就想应当如何和她谈一下，面对面是很窘迫的。我到办公室给我女儿写了封信，我说我高兴又不安，她还没有完全长大，把我的想法和建议写在下面希望她认真考虑，恋爱是美好的，早年的恋爱大部分不能走向婚姻是因为有局限性，你们可以握手但不要接吻不要到封闭的室内不要做那样的事情，因为你要负责任。后来我的孩子也给我留了封信，让我放心，说完全同意我的话。后来我们在一起经常聊这个问题。谈对象好比买东西，进入第一家店刚看到喜欢的就买了，当你走到第二、三家商店的时候你一定会后悔。上学时你刚见了几个异性？可以作为好朋友但不要作为那种关系。有时候看到结婚的车队，一队奔驰，我女儿说太俗，我说结婚就是让这个男人倾家荡产，让他就想结这一次婚不想再结婚了。结婚是大事，凑合着结婚是什么事情呀。卢勤老师也曾讲过一个例子，说一下孩子告诉父亲他看上了一个女孩子，父亲说："如果你一辈子打算在县城工作，就这么选择吧。如果你想出去，就别这么早选择。"父亲告诉他，他的天地会一圈圈放大，如果打算在县城发展这时就可以把这件事订下来。这是聪明的父母对孩子的教育。

　　网络问题比较复杂，是个社会问题，现代社会网络已经成为我们生活中的一部分，已经不单单是游戏，让孩子远离网络不是长久之计，也不是好的教育思想和理念，网络是双刃剑。少年往往对网络无师自通，在计算机领域里研究生不如本科生、本科生不如专科生、专科生不如高中生，少年对网络有着无师自通的能力，成年人很难再去学机械的东西。从民族来讲，现在如果发生一场战争，打的是数码、电子，我们国家的实力可能取决于这个方向的发展。因为高考不让孩子接触电脑和网络是不对的，不要仅从自己的孩子来考虑。很多孩子接触电脑就开始不学习了，首先要发现孩子为什么会迷电脑迷网络游戏，一个原因是孩子在学习上失败，在学习上找不到自信和自尊。还有就是学习实在无乐趣，伴随着生活无乐趣，这是我们现在成年人很难理解未成年人的问题。

有一次我和孩子聊天，我说下一代人比我们这一代人厉害，我们那时在课堂上的时间不到三分之一，这一代人天天在教室里学习，这一代人肯定比我们厉害。孩子说更羡慕我们这代人，说我们很难理解他们这代人，每天早晨7点10分就进入教室，晚上写作业要写到11点，一学就是10年，他们的乐趣已经没有了。我们小时候半天上学半天玩，但现在的孩子没有地方玩，现在的孩子没有玩的空间，去每一个地方都需要花钱，孩子有哪些自然的乐趣？

孩子的问题是成年人造就的，学校为什么不能建网吧？在学校里做了网络的建设，可以设立适合孩子的游戏，那么社会上的网吧还有存在的空间吗？

现在孩子课本中的三分之一内容都是可以被删掉的，一些知道的东西为何非要背下来？导致孩子感觉很多东西是无用的。

没有很好的社会阅历，写不出有意境的诗，孩子也是这样。曾经有个记者和我讲，他也曾经迷恋网络，后来他父亲给他报了个乒乓球班，和他一起打乒乓球打比赛，他自然而然从网络里摆脱出来了。这是个聪明的父亲，让孩子锻炼了身体也摆脱了网络。

做一件有意思的事以摆脱网络，做父母的要让孩子的生活比较丰富多彩，让孩子知道喜欢什么，让他在喜爱的事情中找到自信。让孩子不要太自私，首先要把自己管好，开始什么都需要别人，让他知道需要帮助别人。

在青春期后给孩子环境、机会，让他为家庭的其他人考虑，家长要学会示弱，不要什么都包揽。一个河南的孩子上网成瘾，开出租车的妈妈很担心，妈妈在学校门口贴了一个条说谁如果能戒除他的网瘾就给一万元钱。我和他妈妈说把悬赏收回去，找一些时间让孩子陪她出车，告诉孩子"妈妈不太舒服"或者最近不太安全，让孩子陪她一起体验开出租车的辛苦，他不知道苦永远不能体谅，让他知道家里就妈妈一个人那么辛苦地挣钱。**家长要学会示弱，不要什么都包揽，让孩子知道父母在衰老，孩子不能只考虑自己还要考虑家庭。**我还是主张如果孩子小的时候，你对他观念的灌输、性格的培养、家里的亲情都到位的时候，这个孩子只要在这方面心理是健康的，就不会进入到痴迷网络的状态，痴迷网络是因为在学习上找不到自信，生活没有乐趣。要找到孩子擅长的。

作为家长，我们应当明白这个道理，有时候学习成绩不是最重要的，最重要的是心理健康发展。性格决定命运，我有一次和别人聊天，什么人是成功者？往往不是智商高的，而是性格好的，能够和大家很好地和平共处。有的领导没有什么能力，但最大的特点是能容人。一个人拼到最后，你会发现很多成功者在有其他能力的同时最重要的是有一个好性格，孩子不在于智力、分数多高，而在于能否和别人相处，能做事时心中有他人，不自私、有责任感，这些都是非常重要的。

今天就讲到这里，谢谢大家。

高影君

　　1928年出生于河北遵化。1949年6月毕业于北京师范大学保育系。北京师范大学教科所教授。《中国学校卫生杂志》学术顾问。北京市学生营养餐研究中心副主任。中国老教授学会医药专业委员会食品、营养与保健专家委员会副主任委员。

孩子怎么吃更科学

◇ 高影君

　　大家都知道我们现在的孩子是宝贝，大多数是独生子女，孩子怎么吃、怎么吃得健康是所有家长都关心的大问题，今天我重点谈谈孩子怎么吃更科学。

　　孩子怎么吃更科学呢？如果想吃得科学，就要谈谈营养方面的问题，首先我们必须了解一些营养方面的基本知识。所以今天我讲课的中心是谈怎么样给孩子合理的营养。

一

　　上个世纪20年代开始有了营养学，让我们知道应该吃什么怎么吃，才能使你活得好、生命维持得长。现在中国人的寿命不断提高，吃得好了生活提高了，健康也好了寿命也长了。我们不能再像过去一样本能地吃，可是现在我们还有很多人是靠本能去吃，想吃什么就吃什么、爱吃什么就多吃什么，这是本能的表现。

　　如何吃得更科学？要了解当前孩子身体的状况。我国体质调查表明，我国孩子身体状况不理想，由于经济发展、生活水平提高，孩子身体健康应当有很大提高，但不可忽视的一些问题特别是营养不良的问题和超重肥胖的问题必须引起家长的重视。超重肥胖和营养不良都是营养失衡的表现，都会影响孩子的生长发育、身体健康。

当前在吃的方面存在一些认识上的错误、误区。中国人营养知识比较贫乏，营养知识不太普及。我们和营养专家在一起聊天，知道很多疾病的发生都和我们的营养知识有关。

二

合理营养要记住六个字：全面、平衡、适当。

全面指的是营养素全面。人体主要需要七大类营养素，一会儿我将谈到相关内容。

第二个原则是平衡。吃的食物中的营养素要保持平衡，不能吃得多也不能吃得少。根据不同的年龄，孩子在生长发育期间需要的营养素的质和量和成人不一样，孩子营养素需要的质和量按孩子的年龄、生长发育比成人应该更多一些。

第三个原则是适量。小孩需要哪些蛋白质、脂肪、维生素都是有一定比例的。如果光是给孩子吃一种食物，这种营养素就过剩了，脂肪吃得太多甜食吃得太多导致肥胖，甜食吃得太多在身体内转为脂肪。

三

人体需要的七大营养素是指蛋白质、脂肪、碳水化合物、维生素、矿物质、水、膳食纤维。

蛋白质是人体最重要的营养素，没有蛋白质就没有生命，因为每一个细胞中都含有蛋白质。脂肪是供给人体热能的，还有很多其他重要的功能，比如皮肤会润滑等。

碳水化合物是产热最高的，所以必须要吃含碳水化合物的食物。各种谷类的食物都含有丰富的碳水化合物，是提供人体热能的主要来源。

碳水化合物、蛋白质、脂肪提供给人体的比例是不一样的，碳水化物应该在60%，蛋白质应该在20%，脂肪不能超过30%。

第四个营养素是维生素，吃维生素C可以防癌，吃维生素 B_2 可以预防口疮，吃维生素A可以预防软骨病。维生素有十多种，这些维生素的需要量和功能是大不一样的。维生素不可缺少，但不起营养作用，它只起促进吸收营养的作用。人体需要的维生素仅是微量，十多种维生素有的需要量是微克有的需要量是毫克，有人吃维生素药丸不吃饭是误区；维生素分两大类，一类维生素是脂溶性的，只能溶解在脂肪中，只有在脂肪中才能发挥作用，如果没有脂肪，吃这种维生素是不会吸收的，维生素中只有维生素A、K、E、D是脂溶性的，其他维生素都是水溶性的，即只有和水结合才能发挥作用。吃维生素要适量，吃多了会中毒。

矿物质是人体每天必须得到的，如锌、硒、铁、钙、碘都是人体需要的，有些矿物质是有毒的、对人体有害的，不同年龄的人每天需要多少矿物质是有量的。小孩对铁的需要量随着年龄的增长也不同，青春期小孩突飞猛长，对铁的需要量就增加，如果缺铁就会贫血。矿物质有两大类，一类是常量营养素矿物质，如钙，需要量比较多，中国人最低每天应该吃到800毫克钙。如何才能有效补钙？牛奶是补钙的最好来源。正在青春期成长发育的孩子每天需要2000毫克钙，所以青春期补钙更重要，否则影响孩子的生长发育特别是骨骼和牙齿，只有1%的钙分散在血液里。

微量元素也是需要几毫克或几微克，像锌、铁是毫克，碘是微克。原来说中国人缺碘，吃碘盐是国家政策，但有些地方比如山东等地的人不缺碘，就不能天天吃碘盐。铁是很重要的，结合孩子的健康调查结果发现，小孩特别是小学、初中处于青春期发育时的孩子特别容易贫血，中国贫血的孩子非常多，对孩子来说，铁的供给是非常重要的。缺铁性贫血的孩子比较多，会造成头晕恶心发育不良，在规定的人群营养供给量中从10岁开始铁的供给量就要比大人还要多，以前是10毫克／天，10岁开始青春期的女孩就要长到18毫克／天，男孩长到12～14毫克／天。建议家长买一些营养学方面的书，要给孩子补营养，必须了解这个年龄的孩子需要多少营养，这些食物有什么功能。

第六个营养素是膳食纤维，对人体有特殊的作用，对癌症有着特殊的功能，我们经常要吃含膳食纤维的食物，它是很重要的营养需要。膳食纤维可以帮助身体排毒，促进身体健康，膳食纤维在大肠里像扫把一样把毒素扫光，经常吃含膳食纤维的食物对大肠排毒及便秘有好处。

第七大类营养素是最重要的营养素即水。很多人渴了才喝水，这是不对的。现在很多人知道水很重要但不知道有何重要，东北一家出版社翻译美国一个作者写的《水是最宝贵的药》非常好，写了为什么要喝水、什么时间喝水、水的重要、喝什么样的水等内容。离开水人就不能活，有很多这样的实验，人可以几天不睡觉，但几天不喝水就不行。没有水就没有生命。

四

平衡膳食宝塔是卫生部专门作为重要文件发下去的，现在营养学的书基本上都有这个图，指导大家能够吃到平衡膳食。

宝塔的基础是谷类、粮食。粮食属于碳水化合物，是人类最需要的。现在有一些误区，有人认为少吃粮食多吃菜可以减肥，粮食吃多了容易胖，特别是举行宴会的时候喝酒吃菜不要主食已经成为一种风气，宴席上的主食基本上都不动，这个危害是非常大的。吃菜喝酒不吃主食是不符合营养需要的，中国人的饮食习惯是以粮食为主，我们要吃得科学，就必须以粮食为主以植物食物为主，以动物食物为辅，需要动物食物，但要保持一定量、不要太多。

第二层是水果、蔬菜。水果蔬菜包含不同的维生素和各种营养素，水果和蔬菜相比，蔬菜的营养更全一些，水果的营养没有蔬菜充足。大人、孩子都要注意吃水果不能代替蔬菜，因为水果的营养没有蔬菜全。蔬菜的种类很多，每顿饭都应该有蔬菜，每天必须吃一定量的蔬菜。

第三层是鱼、肉、蛋即肉食类。鱼所含的营养最好，我们提倡多吃鱼肉。当然各种肉都应当吃，使各种营养互补。吃肉是有一定量的，像小孩每天吃的肉不能超过2两，我们给学生做的营养午餐里中午75克肉是最多的了。吃肉要有一定比例和限制。

第四层是奶类。缺钙和喝奶少有关系，牛奶含钙最多，质量好且容易吸收，所以我们提倡多喝奶，每天应该喝些奶。牛奶的蛋白质是最好的是优质的。

最后的第五层是塔尖是油、盐、糖。这些东西要吃，但量要少，特别是盐，中国人吃的盐太多了，平均每天吃16克盐，比国际上超过两倍。吃盐多会导致高血压、动脉硬化，从小要培养孩子不要吃太多盐。盐要少吃，油也要少吃，糖要吃但不能多吃。

五

国家有关部门制订了八条平衡膳食指导。

第一条，食物要多样，以谷类为主。

第二条，多吃蔬菜水果和薯类。

多吃绿色蔬菜，特别是一些绿色叶菜，它们含的维生素比较多，是在阳光直接照射下生长的，叶绿素丰富，必须多吃绿色特别是深绿色的菜，比如菠菜、油菜。根茎类的菜都要吃，萝卜、土豆、白薯应该多吃。最好注意蔬菜的颜色，颜色不同表示日照时间不同，在食物中绿色应该占2/3，黄色、红色应该占1/3。水果和薯类对保护心血管健康、预防癌症具有好处。

第三条，常吃奶类、豆类及其制品。

牛奶是营养最全面的，且是优质蛋白，大豆类的食物也是优质蛋白，一般植物食物都不是优质蛋白，北京人蛋白质吃的量够，但优质蛋白量不够。

第四条，要经常吃鱼、蛋、瘦肉，少吃肥肉和荤油。

孩子吃点肥肉也可以，但不能吃多。经常要吃鱼、禽类、蛋类，近几年人们开始重视吃鱼，有的家长担心孩子吃鱼被刺卡到，我提议可以做鱼丸给孩子吃。不能因噎废食，在肉类食物中鱼的营养最全面，蛋白质及氨基酸基本相近，对发展智力有好处。

第五条，食量和体力活动要平衡，保证适量的体育活动。

国家要求孩子每天有一个小时的户外活动，以增强体质。现在孩子体质健康不容乐观，孩子课业负担那么重体育活动很少，保证每天孩子一小时的体育活动，能够保证营养吸收，使孩子能够很好地生长发育。

第六，吃清淡少盐的食物。

吃盐不要太多，世界卫生组织规定每天不能超过6克盐。我们国家每天平均吃16克盐，所以患高血压的人在世界上最多。吃清淡的食物少吃盐，最好能做到一天就吃4克盐。像酱油、咸菜这类高钠的食物尽量少吃。

第七条，饮酒要适量。

现在中国人习惯在酒桌上谈事，要限制喝酒的量。喝酒后吃的东西就少了，喝酒吃菜不吃粮食对健康是不利的。

第八条，要吃清洁卫生不变质的食物。

我们要注意食品卫生，看看有没有食品卫生的标志，买牛奶、饼干等食物要看看包装上是否有QS的标志，看看生产日期、保质期。

六

家长要特别注意婴幼儿的饮食营养，婴儿一定要吃母乳。

少年儿童一定要吃好早餐，不吃早餐对生长发育、心理都是不利的，要少吃零食，重视户外活动。

青少年要多吃谷类，保证鱼、肉、蛋、奶、豆的摄入。有个顺口溜是"每天应当给孩子吃到一把蔬菜一把豆，一个鸡蛋加点肉，五谷杂粮要吃够，一斤牛奶必须有"，每天让孩子吃一斤奶，早晨半斤晚上睡觉前半斤，保证身体需要的营养平衡。如果经济条件差可以用大豆代替，豆浆也是很好的优质蛋白，是补钙的好食物。要多吃豆制品和豆腐，豆子是最好的最经济的植物肉。

上小学之后的孩子最好每天吃一斤蔬菜，早饭可以吃些豆腐干、煮黄豆。鸡蛋是好东西，但不能给孩子多吃，因为鸡蛋的蛋白质完全是优质的，吃多了对健康不利。历史上曾经发生了一个真实的惨案，二次大战结束后胜利的各国到德国集中营解救被关押的人，看他们很瘦，给这些人举行了一次聚餐，鸡鸭鱼肉丰富极了，大家非常高兴，有二百人参加，吃完之后就发晕呕吐，送到医院之后都死了。对这件事进行调查，发现没有人破坏陷害投毒，而是这些高蛋白的食物吃得太多了。肝脏是解毒器官，很多年没有吃到含这么高蛋白的食物，肝功能很弱没有办法分解蛋白质排出毒素，结果这些人血液氨中毒而死。吃鸡蛋和肉不要过量，鸡蛋是好东西，一天给孩子吃五六个是不对的，不要过量给孩子吃鸡蛋。

肉也是优质蛋白，蛋白质含量高的不要多吃，一定要注意掌握平衡。我们爱吃火锅，羊肉是热性食物，夏天还都吃，且不注意膳食平衡，容易产生脂肪肝。我们的传统是以植物食物为主以动物食物为辅，这是我们的营养方针。涮羊肉一定要吃各种菜，大家把什么都放在火锅里面涮，汤绝对有毒。吃动物食物一定要吃植物食物使之酸碱平衡，动物食物一般是酸性，植物食物一般是碱性。

七

平衡的问题很重要，给大家介绍一下几大平衡：

1．冷和热要平衡。

2．酸和碱要平衡。

3．摄入和排出要平衡。

4．干和稀要平衡。

5．动和静要平衡。吃饱了就睡觉不利于消化吸收，吃完饭要活动一下，以保证食物的消化吸收。饭后慢走对消化食物有好处。

6．情绪和食欲要平衡。情绪不好，胃液分泌就减少。小孩吃饭时不要生气，不要吃饭的时候问孩子很多他不高兴的问题，情绪对食欲有很大影响。

7. 杂和精要平衡。混合吃往往效果比较好，营养价值可以互补，小米粥单独吃和大米小米混着吃营养价值就不同，混合吃比单一吃营养价值高。中国最有营养的食物是八宝粥，各种食物豆类米类都有。适当给孩子吃一些坚果类的食物，可以适当吃零食，补充三餐之间的一些营养，不要多吃，以零食代替主餐是错误的，在两餐之间适量补充一些坚果类的东西，量不要多。

8. 主食和副食要平衡。

9. 荤和素要平衡。

八

一定要注意食物搭配的科学性。很多人都说小葱拌豆腐不好，但我们可以看看在这道菜中小葱的量是非常少的，所以没有太大关系。有人说菠菜和豆腐一起炒不好，但菠菜焯完之后再和豆腐炒就没有问题了。现在营养学方面的书比较多比较杂，大家最好能看营养学会的人写的书。

要注意孩子良好饮食习惯的培养，不挑食不偏食是非常重要的，用符合孩子年龄的教育方法培养孩子的饮食习惯。很多孩子不爱吃胡萝卜，有一个班级开了一个巧妙的小型座谈会，把胡萝卜切成末，让大家看看谁的手指甲亮、谁的眼睛亮、谁脸上的皮肤最光滑，利用胡萝卜对人体健康好处的问题告诉他们，为什么他们的眼睛亮，是因为他们爱吃胡萝卜，让大家知道胡萝卜对身体有什么好处，以后这个班级在老师的引导下再没有挑食不吃胡萝卜的了。有一次一个老专家和我们说，抗美援朝时很多战士因为吃得不好缺乏蔬菜导致夜盲症，研究后提出每个战士每天吃一根生胡萝卜，最后夜盲症得到治疗。

我参加过**食物营养与保健的研讨会，一致不同意给孩子随便补锌补铁补钙，除非孩子经医生检查缺铁缺钙严重在医生指导下进行补铁或补钙。**我们有个专门研究钙的专家，做了 30 年的钙研究，研究人体内钙的吸收，出版了一本《钙营养》，他反对大家随便补钙。应当按照科学方法补，在孩子需要时适量补，喝一斤牛奶再吃些蔬菜，身体所需的钙就够了。小米含钙很多，芹菜叶中的钙非常多，食疗非常好。补要通过医生指导，补铁多了还会造成铁中毒。补什么营养素都要在医生指导下进行，要认真看补品的说明书，要看卖的补钙产品中的成分是什么，有没有食品质量标志。补充保健品要慎重，有些零食如核桃花生可以吃，但都要注意质和量。心脏病人要多吃苹果，每天吃三个苹果对心脏有好处。食疗没有坏处，小孩吃些核桃、枣、花生有好处。

速冻带鱼的营养好吗？中国农大一个教授讲速冻食品不能多吃，速冻有很多要求，白菜冻后会产生一种毒素，所以速冻要经过一定工序工艺来进行，不能随便冻，冻的时间也有讲究；最好少吃方便面，不能作为经常的饭，只能是短时间内代替饭的补充。有个教授做了一年的实验，吃了一年方便面，一年后患了胃癌。方便面中有添加剂、防腐剂，积累得多了会对身体有害。

18 岁的孩子喝牛奶没有坏处，牛奶不要添加各种杂物，奶饮料不能代替牛奶，乳饮料中奶的成分相当少，喝纯牛奶比较好。

早餐喝玉米粥吃鸡蛋没有关系，粮食和鸡蛋不会相克，少吃炸鸡蛋。虽然提倡要合理营养，但不要限制太多，不要太谨慎了。玉米类的东西所含的酸是一种结合型成分的营养素，不容易消化吸收，在营养指导中提出喝玉米粥的时候一定要放一点碱，煮玉米时放一点碱，就好消化。

酸碱食物如何搭配平衡？每天喝多少水？大人每天要喝八杯水，小孩水的需要量要比大人多，要看季节，不能死规定。不能一次性多喝，会引起中毒。喝水不能等渴了再喝，那时已经失水了，渴了再喝对身体不利，每天最好上、下午定时喝。不主张吃饭前喝汤或喝水，最好吃饭半小时后再喝水喝汤，有利于消化吸收和胃液的分泌。饮料绝不能代替水，饮料不仅不能代替水，而且还消耗体内的水。如果家长有兴趣，可以买一本《水是最好的药》。白开水是最好的，我们喝什么水都不如喝白开水，纯净水中没有微量元素，我们提倡喝白开水。水再有污染，但国家能保证饮水的安全问题。甜的饮料或甜水喝了以后，到身体内变成酸性容易和钙结合，身体钙下降，提倡让孩子多喝白开水。

现在给大家提一个问题：在中国人的饮食习惯中，一天三餐哪餐最重要？（回答：早餐。）

不对，三餐要合理安排，早餐、晚餐占30%，午餐占40%，不等于早餐、午餐重要晚餐不重要，正确答案是餐餐都重要。要吃平衡膳食，哪餐都重要。

蒸的食物最好，炸的食物营养损失最多，少吃炸的。世界卫生组织公布的十大垃圾食品是：1．油炸类食品；2．腌制类食品；3．加工肉类食品，如香肠肉干；4．饼干类食品，不包括低温烤的，全麦饼干可以吃；5．汽水、可乐类的食品；6．方便类的食品；7．罐头类食品；8．话梅、果脯类食品；9．冷冻类食品；10．烧烤类食品。

这些食物可以吃，但不能经常吃，还要注意量。

很多病是吃出来的。过去没有这么多癌症患者。希望家长今后有机会，适当地翻翻营养学的书，适当地了解一些营养方面的知识。谢谢大家。

心灵的交流

孙云晓

青少年研究中心研究员、副主任，中国家庭教育学会常务理事，中国科普作家协会副理事长，《少年儿童研究》杂志总编辑，北京师范大学兼职教授。自1972年起从事青少年教育与研究至今。

好的关系胜过许多教育

◇ 孙云晓

我今天同大家见面想谈的是儿童教育和家庭教育的问题。我做了 35 年的儿童教育，做专职的研究做了 20 年，另外我的孩子现在长大成人，从复旦大学毕业后已经参加工作，作为独生子女的父亲，我有很多亲身体会和研究。

在讲课开始之前我先做个调查，让我知道今天到场的听众朋友们的孩子多大年龄。请您的孩子在上幼儿园和小学的同志举手示意。请您的孩子在上中学的同志举手示意。好的，差不多各半。没有孩子的同志请举手示意。我一直有个建议，没有孩子的青年听听我的课，为你将来的婚姻、爱情甚至教育孩子提前准备，非常有好处。

有一个孩子的母亲问我，他的孩子什么事情都控制不住自己、讲话声音特别大，我说你和你先生是否有一个人性格特别急？特别难控制自己？她说她的先生脾气特别急。性格的因素一半是遗传的，你找一个什么样的爱人，就预示着将来你会有一个什么样的孩子。教育受到三大因素的影响，第一个因素是遗传，第二个因素是环境，第三个因素是教育。

今天的孩子为什么难教育?

很多父母和有经验的老年人觉得今天的孩子非常难教育,为什么呢? 大家是否发现一个现象,过去的时代是孩子不了解大人,觉得大人很神秘、很有权威性。今天倒过来了,今天是大人不了解孩子,孩子很神秘、孩子知道的事很多。1997 年我到法国巴黎参加明日青少年国际论坛,几百个专家形成一个共识:在计算机时代,成年人心怀恐惧、疑虑重重,而青少年无所畏惧,满怀新奇地往前走。信息化的时代动摇了父母和老师的权力和地位,今天的孩子有很多优势,很多父母发现说不了孩子,知道的也没有孩子多,这时候教育变得非常困难。

研究生毕业的父母也看不懂动画片,但上幼儿园的孩子就喜欢看动画片,很多父母问我孩子爱看动画片怎么办,我说看动画片很好,最好的方法是父母和孩子一起看动画片,它带给我们很多挑战。出版社的一位同志概括的一句话让大家很好记,"好的关系胜过许多教育",这是我特别送给大家的一句话。在压力很大的今天,与孩子是否有好的关系决定教育的成败。

大家是否发现这样一个现象;回忆自己的成长,我们会发现如果你喜欢某个老师,你就会喜欢他的课,喜欢他的一切,甚至模仿他走路的姿势、拿包的样子。如果孩子不喜欢某个老师,则会不喜欢他的课不喜欢他的一切。

我们家是独生子女的家庭,我和女儿都喜欢养猫和兔,我爱人嫌脏嫌乱非常反对,但是因为二比一,所以我们家还是养了猫和兔。我和女儿一回家,猫和兔都跑过来了,我们抚摸猫和兔子,它们非常享受非常舒服,其乐融融。但我爱人一回家,猫也不见了兔子也不见了，因为我爱人很爱干净，看到猫把沙发抓破、兔子到处大小便就非常生气，见了兔子踢一脚见了猫踢一脚。猫和兔子那么小的动物，都知道谁对它好谁对它不好，一开门它就知道是谁回来了，就会采取不同的态度，动物如此，何况一个孩子！孩子是研究大人的专家，家长对孩子好不好，孩子心里像明镜一样。

第二个特点是家庭教育中只有医生没有护士。今天中国有九千万独生子女，独生子女没有兄弟姐妹，人生其实懂很多道理，在兄弟姐妹中懂得更多。有的专家认为父母就像医生，兄弟姐妹像护士，病人的很多问题靠护士料理、陪伴。今天的孩子经常抱着爸爸的腿说"爸爸和我玩吧"，爸爸很不耐烦，说"去找你妈妈"。而孩子抱着妈妈的腿让妈妈陪他玩时，妈妈会说："妈妈正忙着做饭，你不想吃饭了？"没有人理孩子，所以孩子经常一个人自言自语，现在的孩子是自言自语的一代。要么孩子就是看电视，孩子的复杂就复杂在看了太多太多成年人的东西，美国的学者说电视时代是童年消逝的时代。看了太多的言情剧、武打片，孩子的头脑变得很复杂，今天的家庭教育变得非常复杂。

今天的父母对孩子的教育有十大困惑：

1．为什么今天的孩子这么难教育？

2．为什么今天的孩子总顶牛？

3．为什么孩子会疯狂追星？

4．为什么孩子会早恋、早孕？

5．为什么孩子会离家出走？

6．为什么孩子特别能花钱？

7．为什么孩子不会交朋友；

8．为什么孩子爱煲电话粥？

9．为什么孩子上网成瘾？

10．为什么孩子痴迷电视？

孩子对父母也有不满意也有很疑惑的地方：

1．父母为什么不给我自由？

2．父母为什么总逼我考前十名？

3．父母为什么非要让我上特长班？

4．父母为什么说话不算数？

5．父母为什么不陪陪我？

6．父母离婚了我怎么办？

7．父母为什么把我推给爷爷奶奶？

8．父母为什么对我的朋友说三道四？

9．父母为什么总训我？

10．父母凭什么自己老玩却不让我玩？

这是今天最集中的问题。在这样一个时代，你特别想和孩子说说心里话，你发现孩子上了中学之后不和你说话了，父母都有满腹心里话想对孩子说，孩子为什么不听呢？现在孩子不和你说话，他有他的想法。在我写的书第一篇就介绍了两个女孩子给父母写的让父母无法接受的信，都写了十几条。以下是"自由天使"给父母写的信：

张某某，我感谢你生育了我，但我不是你的奴隶，我是个自由的人，从今天开始如果你还想要我这个女儿，必须要做到如下十条：

第一条，不许动我的书包、抽屉；

第二条，不许看我的聊天记录、日记；

第三条，不许强迫我穿你买的超级难看的衣服；

第四条，不许拦截我的电话；

第五条，不许当着亲戚朋友的面说我比别的孩子差；

第六条，允许我每天晚上有一小时自由支配的时间；

第七条，允许我每周日九点起床；

第八条，允许我的朋友到家里做客；

第九条，允许我听孙燕姿、周杰伦的歌；

第十条，允许我反驳你的意见。

这是一个中学生在报纸上登出来的写给妈妈的信。无独有偶，《中国青年报》也登过一封给妈妈的十四条建议：

一、我需要帮助，同时也需要独立；

二、为了成长，请允许我犯些错误，让我在生活中学会如何生活；

三、请不要强迫我按照您的模式生活；

四、请自觉保护我的自尊心和隐私权；

五、如果想成为我的朋友，那就放下家长的架子；

六、请不要拿我当您的出气筒；

七、宠了我，就别说把我宠坏；

八、不要把简单的事情复杂化，不要把过去的错误扩大化；

九、多一些建议，少一些命令；

十、请不要第101次告诉我某些事该怎么做；

十一、我不仅学习您告诉我的东西，还学习您身上表现的东西，包括坏的习惯；

十二、我不仅需要爱，还需要学会爱别人；

十三、即使您能替我做所有的事情，也请把它们留给我自己做；

十四、因为我是菊花，所以请别让我在夏天开花，因为我是白杨，所以请不要指望从我身上摘下松子。

父母看到这些会高兴吗？单位都在竞争上岗，父母压力很大，买房子、花钱让孩子受教育，都是非常辛苦的。但同时有个压力下移的现象。

91.7%的父母要求孩子上学考大学，54.7%的父母希望孩子将来读博士，83.4%的父母要求孩子考试考前十五名，这可能吗？再过一百年都不可能。这些导致孩子的生活很沉闷、很郁闷，和父母的矛盾就加剧了。北京的小学生在全国是特别辛苦的，我的亲戚朋友找我说孩子上学怎么办？谁家的父母都想让孩子上重点中学，现在钱不是问题了，是一定要交钱的，光有钱还不行，得有一个水平的提高，要求你的孩子外语水平达到公共外语考试的三级甚至四级。公共外语考试，一级是初中毕业的水平，二级是高中毕业的水平，三级是大学生毕业的水平，但是现在如果孩子外语四级就很容易上重点中学。现在压力甚至到了幼儿园，为了上好大学要上好中学，为了上好中学要上好小学，为了上好小学就得上好的幼儿园，现在幼儿园的功课很多，幼儿园开了四门课留四门作业，天津一个小女孩怕考试掉头发，经检查诊断是精神紧张所致。"舞""藕""凳"，现在幼儿园的小朋友学这么复杂的字，孩子能受得了这种情况吗？压力下移了，烦恼太多了，我们的家庭教育就面临着很多复杂的问题，是每一个父母都没有能力去应付的，这个现象是社会的现象。这时父母一定要调整自己，最重要的一招就是我说的"好的关系胜过许多教育"。

好的关系为何如此重要？我们现在很担心孩子早恋，通过对全国孩子的调查发现，现在的孩子初潮和遗精的年龄都提前了，信息化的时代也容易使人早熟，现在的孩子知道太多的事包括性方面的事情。《藏在书包里的玫瑰》采访了13个发生性关系的中学生，发现这些学生半数以上都是学校公认的好学生，1/3来自于全国的名校。我举两三个这样的例子来说明好的关系具有决定性的作用。

北京电视台的记者来找我，说北京某区一个重点中学两个学生生了孩子。这是个重点中学，班主任老师发现男生行迹不太正常，就翻了他的书包，发现书包里有一封写给女孩子的信，信中写了发生性行为的细节。老师对该男生进行严肃批评，停课反思检查。这件事情没有注意保密，很多同学都知道了，议论纷纷，导致两个学生在学校无法呆下去，就回家了，父母也不接受。两个孩子在外面租房住，女孩子怀孕了，男孩子说："我们就是要把孩子生出来，我们就是要证明我们两个人是认真的，我们长大了、成熟了、我们不是闹着玩的。"生孩子之后才知道养孩子不容易，吃喝都需要钱，男孩子上街抢劫，抢了几部手机之后被抓获。这件事情教训很深，如果学校采取保密的以人为本的引导、帮助，就不会出现这件事情。如果父母明智一点，接纳孩子、引导孩子，这件事情也不会发生。由于不能沟通、不能接受，青春期产生了对立。谁家有个中学生，就等于谁家有个定时炸弹，关系好坏决定教育成败。

孩子在性上出现问题，不要以孩子犯了错误有了挫折就完了，关键是父母对孩子是什么态度是什么关系，这是非常重要的。不管时代如何变化，把握一条即我永远爱孩子、理解孩子、尊重孩子，与孩子一起成长。

好的关系可以用十个字来概括：理解、信任、尊重、帮助、学习。每个孩子都有可能很好发展，但是我们父母对孩子的期望和要求往往要出问题。比如说你希望孩子成功是对的，但是成功要确立一个新的理念，成功就是发展就是选择，让孩子把爱心、期望变成孩子自愿的自主的选择，就是教育的智慧。

有一天，我接到一个电话说："孙老师，明天是秋儿的遗体告别仪式，他的父亲特别希望你能参加。"我愣住了，秋儿是一个17岁的女孩子，秋儿的表姐有心理问题，后来经过治疗康复后又去帮助别人解决心理问题，我去参加秋儿表姐的生日晚会时看到了秋儿，秋儿很活泼很漂亮，会跳芭蕾，钢琴六级。但秋儿文化课不好，她的愿望是初中毕业后报考幼儿师范。但她的父母希望她上大学，想办法让她进了北京某区的重点高中。如果孩子基础很差，越到了好学校重点中学她的日子就越难过，如坐针毡。秋儿到了重点中学，高二会考两门不及格，她觉得考大学很悬，而且她喜欢的比她高一年级的男生肯定会考上大学，她越想越绝望，最后开煤气自杀了。我去参加秋儿的遗体告别仪式，她的同学哭成一片，说凭秋儿任何一项才能都能过上幸福的生活，因为家长期望太高了非要让她读重点中学。

北京广渠门中学的老校长李金海是全国人大代表、劳动模范，李校长的女儿初中要毕业了，他也想："我的女儿能不上重点高中吗？"他的女儿学习一般，于是就请了很多家教补课，死去活来补不上去，每天家里人跟着上火。李校长说女儿不是考重点高中的料，女儿说想去职业学校，李校长在关键时刻理解孩子支持孩子，他的女儿轻松上了一个职业学校，毕业后到北京某银行当了个职员。她喜欢打鼓，生活得很快乐，参加劳动能手比赛，现在出国进修去了，过得很开心。同样是两个学习不太好的孩子，一个因为得不到理解花季早逝，一个过上快乐的自立的生活。

哪一种关系是好的关系？哪一种教育是好的教育？孩子是有差别的，您的孩子能上大学尽量上、能读博士尽量读，问题是必须注意到有的孩子是打死也考不上大学的，逼死他他也上不了大学。按照哈佛大学的研究，提出一个多元智能理论，每个人至少都有八个智能，第一个是语言智能，第二个是数学逻辑智能，第三个是空间智能，第四个是音乐智能，第五个是身体运动智能，第六个是人际交往智能，第七个是善于反思善于反省智能等等。每个人的智能结构是不一样的。

八个智能的人都能成才，都有成功的希望。八个智能中只有两个智能发达的人最适合今天中国的学习，中国的考试最适合语言智能发达和数学逻辑智能发达的人，你的孩子可能这两个智能排得靠后，但可能音乐智能、空间智能排在前面，他的学习成绩可能不太好但不等于不成材。天才就是选择了他最适合的道路，蠢才是选择了不适合他的道路，我们期望的最好的目标是孩子做适合他的事情、走适合他的道路，这就是尊重。要尊重、理解孩子。

孩子没有朋友比考试不及格更严重

给大家讲讲我自己的体会。很多人不会相信，我搞教育这么多年，在全国教育界也算有一些知名度，1993 年我写的书引起全国教育大讨论，但我的独生女儿小学、中学从来没有上过重点学校，都是上离家最近的学校。不是没有办法把孩子送到重点中学去，我的女儿说"重点中学不是人待的地方，我可不去"，她选择了一所学习日语的学校，连区重点中学都不是。她母亲是日语专业的，从小受母亲影响，女儿喜欢日语，她妈妈有意见，我说尊重孩子的选择。从小到大所有的志愿都是女儿自己选择的，父母的意见仅供参考。我女儿上了六年普通中学，高三该考大学时非常紧张，没有孩子不怕考大学的，心里都打鼓，我对女儿说考大学很不容易，考不上很正常。我问女儿能否考上大专，我女儿说肯定能考上大专，于是大专报了北京二外、吉林大学，我女儿说有可能考上普通的本科，于是报了南京师范大学，我女儿说最想去上海，她喜欢复旦大学，我说难考，但愿意做就做。我女儿没有压力，高考模拟考试一模成绩出来之后我女儿就哭了，因为她的分数只能勉强上普通大学，根本不可能上复旦大学，她妈妈给她写了封信安慰她，我说："好事，一模知道你哪强哪弱，你还有一两个月的时间还有机会。往年的考生发挥好，高考时比一模成绩上升一百分，要强化优势，你也有可能。"春节我女儿和她妈妈到上海参观复旦，在门口照了张相，回来我女儿把照片放在桌子上看着。高考前20天我对女儿说："你不是想上复旦大学吗？复旦大学的招生的小册子上写着'相信自己，相信自己的选择，相信自己选择了成功的人生'。"我让女儿每天早晨去阳台大喊三遍，开始女儿不好意思，但后来越喊声音越大，越喊底气越足，这是心理暗示。我女儿的高考成绩恰好比一模上升一百分。

当孩子考试的时候你不要说"孩子，没问题，你一定能考上北大、清华"，一个妇联主任说她儿子学习很好，她说了这句话之后，孩子进入考场老想考不上怎么办，压力很大，压力越大越不能好好学习，结果考得并不好。好的关系才能给孩子最大的帮助。

现在我们中国出现了教育荒废的现象，表面上看教育抓得很紧很紧，而真正的教育被忽略了。全中国的父母没在一起开过会，但很多父母会对孩子说一句共同的话："孩子，只要你把学习搞好了，别的什么都不用你管。"这句话就是教育荒废的宣言。我女儿的高考分数比复旦大学的录取分数线只高了两分，分数确实很重要，但我要给大家说更重要的一个问题：我到教育部开会讨论教育的问题，当时一位北京最著名的大学的领导说当年考上这所大学的学生有35名学生有自杀倾向，775人自述有心理问题，考上全国最好的大学的学生哪个成绩不好？

前两天我在北京开会，见到一个部队的领导，说他一个当局长的朋友的孩子自杀了，孩子学习很好，但是考试时的分数差了一点，家里想了很多办法，让孩子进了重点大学，但孩子认为里面强手如林，他谁也不如，就自杀了。命都没有了，还有什么前途、幸福？这时还说什么成功？**家庭教育的核心是人格教育**。其中讲一个问题，人格不是空的，人格按照学术上讲有五大因素，其中一个是和别人非常好相处、非常好交往。中央电视台有个节目叫"百家讲坛"，有一次请我讲家庭教育，我就讲了独生子女的同伴交往问题，反响非常强烈，因为触动了很多人的痛处。我总结一条，**孩子如果没有朋友，比他考试不及格还严重，孩子有没有朋友、有没有有质量的朋友非常重要**。

宁夏有一个重点中学有一个出类拔萃的学生王西（化名），全国中学生化学大赛西北赛区第一名、物理大赛第三名，保送北京大学化学系。这样青春得意的学生到大学三年级的时候，被判有期徒刑11年。保送北大的学生被判刑，这是怎么回事？他犯的是故意杀人罪，而且是因为他不会交往犯的杀人罪。王西小学、中学学习非常好，放学后就回家学习，没有朋友。到北大三年级时王西突然发现在大学内不会交往很难生存，他就和同宿舍的一个男同学交朋友，天天和那个男同学在一起，那个男同学去哪他就去哪，别人感觉两个小伙子粘在一起非常奇怪，议论很多，那个男同学认为不能再和他交往了，王西说"咱们是好朋友，不能分开"，但那男同学仍然不愿意和他继续交朋友。王西写信劝那个男同学但人家也不理他，王西心想"我对你这么好，你这么绝情，我一定要报复你"。王西是学习化学的，他找来一种剧毒的化学品铊，把铊毒投入到同学的牛奶杯中，同学喝了之后疼痛难忍，王西后悔了，把同学送到医院抢救。在医生的追问下，王西承认放的是铊毒，抢救得比较及时，但是那个男同学要住院治疗一年，花了六万元钱还不能保证以后没有后遗症。男同学出院后将王西告到法院，法院以故意杀人罪判处王西有期徒刑 11 年、剥夺政治权利 3 年。

不会交往，在人格上不健康，各位要重视自己的孩子是否会交往、有没有朋友，这是大问题。现在很多人发现孩子确实不太会交往，有的孩子没有朋友，有的孩子交的朋友是非不分。今天的独生子女失去了一种天然的条件，即只有医生没有护士，我们这一代人小时候和兄弟姐妹在一起，学会了很多交往的本领，今天的孩子没有机会学习，在家特别受宠，在外处处要得第一，不容易交往。

我在书中专门介绍了很多种交往的方法，独生子女的父母们联合起来，变小家为大家，变独生为群养，让孩子们经常在一起。我创造的方法是"借个孩子去旅行"，孩子上了中学，和父母的说话少了，一举数得的方法就是"借个孩子去旅行"。我和我爱人经常带着我的女儿去旅行，在我女儿 18 岁以前我们走过了全国 13 个省，不单单是旅行，让女儿带一两个同学，或者两三个家庭一起出去，我家是个女儿，找个对方是个男孩的家庭，我女儿不爱运动，就找个爱运动的男孩子的家庭。这个办法很好，旅行过程中需要交流。很多家长担心两三个孩子会打架，孩子打架也比孩子一个人待着好，孩子打起来之后，家长最好的方法是不管。最好是带三个孩子出门，你不理我，我可以和他玩。孩子打架后，家长不用担心，孩子在修复友谊方面的能力比大人强，孩子打架后虽然不理人，但过了一会儿看一眼相互一笑，嬉皮笑脸继续玩。

孩子的事情让孩子自己去解决，他解决不了你可以给他一定的指导方法，一切的方法都需要有个好的关系。好的关系不是溺爱是真爱，不是包办代替而是培养他的自主自立。

让孩子对自己的错误负责

　　我到内蒙古呼和浩特去讲课，当地一个 14 岁的孩子，对老师很有意见，上课时老师讲课文在屋里走来走去，走到这个孩子跟前时他拔出钢笔对准老师的后背甩钢笔水，老师转身问"为什么甩钢笔水"，老师看了看自己的衣服说"还甩了四滴"，孩子说"老师，我只甩了一滴，那三滴不是我甩的"，老师说"看你就像个人渣"。说这种话的老师有违师德，要受到批评。孩子回家上吊，留下封遗书说用死维护自己的尊严，证明他只甩了一滴钢笔水而不是四滴，14 岁的孩子只为了证明只甩了一滴钢笔水而不是四滴就自杀了，这个故事登在《中国青年报》第一版。

　　老师要加强师德教育，中国有上千万老师，不能说老师的每句话都是正确的。孩子因为这样一句话就自杀了，也说明了一个问题。我和作家蒋子龙讨论这件事情，结论就是现在的孩子太脆弱了。为什么我们的孩子变得脆弱？是因为太受宠，承担责任太少，挫折太少，他受不了一点委屈受不得一点冤枉，我的忠告是"我忠告天下的父母们，您的孩子早晚有一天会倒霉的"。您的孩子可能在某个时候会受到委屈、冤枉、打击、挫折，一般人不可能避免，如果你的孩子受不得委屈经不得挫折，他就是个危险的孩子，只有一个办法即对孩子进行抗挫折教育，没有惩罚的教育是不完全的教育，惩罚不是打骂、污辱，而是唤醒孩子心中沉睡的巨人，让孩子敢于对自己的错误负责。

　　我注意到北方老人哄孩子的一个细节，孩子摔倒了、撞到树上了，很多老人跺脚拍地拍树，怨树怨地，抚摸宝宝，地有何罪树有何罪？不小心摔倒了爬起来，都是别人不好孩子好，这种教育使孩子从小学会逃避责任。你的孩子闯祸了，中国的父母是什么样的反应模式？父母说"怎么回事"，孩子说"我错了"，父母说"真讨厌，你怎么老惹祸呀？快道歉"，孩子说声"对不起"，父母会说"赶快回家写作业"，只要回家写作业去了，天大的麻烦与孩子无关，父母留下赔礼道歉、打官司、上医院。孩子是在体验中长大的，他体验的是犯了错误说了对不起就走人了，他能经得起挫折吗？

我也在思考这个问题，我也和大家一样面临挑战，我下决心磨炼我的女儿。我女儿上小学五年级时，我家住在西直门，夏天我女儿和邻居家上小学三年级的小男孩到饭店门前的车场去玩，保安怕孩子拿石头划汽车，就轰孩子，态度比较恶劣。我女儿看到保安那么凶，拿石头敲地，敲得保安心惊肉跳，保安追时我女儿他们就从饭店向家里跑，中间有个铁栅栏门，小孩过得去保安过不去。第二天保安做了手脚，大铁门不锁只挂个锁，第二天我女儿又去敲石头，我女儿跑着跑着听到身后的大铁门开了，我女儿冲进楼道撞开家门魂飞魄散，但那个小男孩跑得慢被抓住了，我听见小男孩的声音不对就问我女儿是怎么回事，女儿说完之后，我觉得今天不能放过我的女儿。我说："你是姐姐他是弟弟，你是主要责任人，小弟弟是跟着你捣乱的，现在出事了，你跑回家，小弟弟被抓走了，你赶紧出去找保安承认错误，有什么责任你来担，把小弟弟换回来，你今天不迈出这个门，明天你怎么有脸见小弟弟？爸爸知道你是好孩子，好孩子要敢作敢当。"我女儿哭了，这时需要出去的人不是我，而是责任人孩子，她要体验做了错事需要承担。

当然我也知道那个饭店和宿舍是大的系统，保安不会做太过分的事情。孩子是在体验中长大的，父母不能代替孩子成长不能代替孩子体验。我女儿去时保安已经把小弟弟放走了，女儿回家后拿了点心去看小弟弟，我女儿后来写了一篇散文叫《那一年夏天》。这样的事情经过好多起，我女儿后来能够扛得住一些挫折，她的老师说她的话比呼和浩特市那个老师说得严重多了，但她能扛得住。我在新浪网写博客，网上胡说八道的事很多，我女儿还劝我"你是公共人物，没关系"。孩子经过磨炼挫折之后，才能认清自己。

鼓励孩子是对的，但孩子做得不对的时候要批评。父母教育孩子没有效果是没有方法，很多父母说"说了孩子八百遍孩子就是不改"，说孩子八千遍就更没法改了，一个著名的儿科医生对我说"一句话被别人重复三遍，就等于对别人的折磨"。说一遍两遍还可以让孩子有点危机感，老说这种话就变成了噪音，除了让孩子心烦意乱之外没有好的效果。大家是否发现孩子正准备写作业，拿书包拿纸，妈妈一说"赶快写作业"，孩子就把书给扔了。夫妻两个人可以约定一下，一个人训孩子，另一个人拿录音笔录一下，录一个星期放着听一下，把自己都能烦死。

没有一个孩子不想做好孩子，他需要的是具体的帮助、具体的指导，父母一定要与孩子一起成长，自己要学习。

最后讲一个很有用的故事：北京一个孩子的妈妈在专家的指导下开始改变她的孩子，她上五年级的儿子写作业磨蹭，写一个小时的作业站起来 7 次，一会儿打开电视看动画片是否开始，一会儿打开冰箱看有什么吃的东西，一会儿站在窗边看谁在外面玩。妈妈说："儿子，你是个很聪明的孩子，如果你努力学习一定能学习好。我刚才数了一下，你一个小时站了 7 次是不是有点多了？"儿子意识到妈妈发现了他的毛病。妈妈说："儿子，我看你写一小时的作业站起来 3 回就差不多了吧"。儿子说"3 回就 3 回"，妈妈说："如果你能一小时站起来不超过 3 回，当天晚上 6 点的动画片随便看。"儿子很高兴，妈妈说："有奖励也有惩罚，如果站起来的次数超过3回，当天晚上的动画片包括一切电视节目都不能看。"儿子同意了。一个星期过去了，孩子有三天做到了一小时只站起来3次，晚上6点大摇大摆看动画片，但是有两天就忘了，一到6点想看电视，妈妈说不可以，打滚也不行，就是不能看，孩子慢慢就记住了。这样经过大概一个月的时间，慢慢地孩子站起来的次数越来越少。

这是妈妈培养好习惯的高招，习惯培养的基本方法是加减法，想培养孩子什么样的习惯，就让这种习惯反复出现，美国人说21天养成一个习惯，培养好习惯用加法，改变坏习惯用减法，不要指望一朝斩断坏习惯。

屈开

"开心妈妈"网站创办人。

快乐地实现卓越

◇ 屈开

大家好。我先简单做一下自我介绍，我的名字比较好记，"屈原"的"屈"、"开心"的"开"，还有一个意思是在委屈的时候也要想办法开心。

我曾经是脾气非常暴躁的人，我最深刻的感想是为人父母者最好能提前学点心理学，如果家长在怀孕的时候就能够学习心理学方面的知识，孩子就不会挨那么多冤枉打，也不会养成那么多不如人意的坏习惯，我们再去纠正他。很多不快乐的事情是可以避免的，只是我们不知道该怎么样去做。

今天和大家交流的题目是要把快乐还给孩子，快乐地学习、快乐地实现优秀、快乐地实现卓越。我也是一位母亲，我的女儿小学五年级曾获华罗庚数学竞赛一等奖，初中三年级以全校第一名的成绩考取重点高中，后来到国外留学，现在也在"开心妈妈"当讲师。有一次来自全国各地的人员参加"开心妈妈"讲课，结束的时候很多孩子说最喜欢的一堂课是"开心姐姐"上的一堂课，就是在说我的女儿。

如何把一个孩子培养得优秀、卓越？今天我要讲三个问题：第一个问题是信念系统；第二个问题是家庭教育的现状；第三个问题是我们的策略。

———

　　您希望孩子听话吗？您希望孩子超过父母的水平吗？希望孩子有独立管理自己的能力吗？如果您上述三个问题的答案均是希望，那么您不觉得有些矛盾吗？这有多大可能性呢？假设孩子百分百听话对父母言听计从，在未来的日子里水平是超越父母、是和父母一样还是水平略低于父母？当然是孩子的水平略低于父母。培养水平略低的孩子还比较满足的人请举手，没有人举手，谁都不希望这样。有的人就疑惑了，难道屈开老师不希望孩子听话吗？我的女儿十分优秀，她的优秀不是因为听话，从我女儿6岁开始我就教她怎么对付我，想要一个东西不是不可以，吃的喝的玩的都可以，但哭、闹达不到目的，她要想办法说服大人，把自己的道理说清楚。我们是孩子的导师、教练，让孩子一招一式讲这件事情，当她讲得有眉目的时候就满足她，我的女儿从一个懦弱的孩子变成现在这样侃侃而谈非常大方。

　　如何把孩子培养得优秀？不光是听话，听话是允许孩子这样不允许孩子那样，像很多条条框框在限制我们的孩子。

　　在孩子很小的时候，一不高兴家长就给拿好吃的，不吃这个就给吃那个。上学之后放学回家一跺脚说饭还没有做好，奶奶就赶紧道歉，端上饭之后让孩子赶紧吃。这样培养的孩子从人格发展来讲一个字是"急"，两个字是"自私"，一句话是"不在乎别人的感受"，这种孩子上幼儿园、小学，看到别的小朋友看好看的画本，抢过来自己看，别的孩子哭和他无关，没有同情心、爱心，没有互相帮助的观念。

　　还有一位学校的德育主任，他说："屈老师，您的观点是不打

快乐地实现卓越

孩子。为什么不可以？"他的女儿上小学四年级，让她干家务活不干还气人，她妈妈没有办法，但他打了女儿一顿立即见效，女儿乖乖捡碗、刷碗。我说，从表面上看你赢了她输了，但从长远的方面从人格发展来看，你们父女两个人是双输。我看到的是一打就屈服，这种孩子培养的是奴性，一个奴性十足的人在未来的日子里有竞争力、创造力吗？孩子遇到脾气不好的领导一拍桌子就屈服，你愿意有这样的孩子吗？他没有回答。我们做事情的时候，在给孩子做教练的时候，有没有考虑到孩子一生一世的发展、一生一世的成就？如何走进孩子的心灵世界？我们真的要做一些思考。

　　我想分几个小问题和大家沟通家庭教育的问题到底在哪里。很多家长带孩子找我咨询，家长在说谁有问题？在说孩子，很少有家长说自己有问题，基本上都是在数落孩子。北京一个初中男孩沉迷于网络，妈妈把孩子说得一无是处，我对她妈妈说："你能不能说说孩子有什么优点？"妈妈说："他哪有优点呀？"我和孩子谈话之后，觉得他是有优点的，他是有正义感能为别人两肋插刀的孩子。他的问题就在于小学升初中没有过渡好。小学老师和蔼可亲，他非常喜欢小学老师，初中他遇到一个年轻气盛的女班主任，这个老师有点直有点急，批评他两次他很不服，有一天晚上回家用很不满意的口气对妈妈说："她那样还当老师呢，根本就不合格，她瞎批评人。我后面的同学和我说了三次话，她都没有说什么，等我刚回头说了两个字，她就批评我不好好听课。我和她解释，老师说闭嘴不可以顶嘴。"如果您的孩子回家说这件事，您会站在谁的立场？是站在老师的立场还是孩子的立场？这位家长站在了老师的立场，对孩子说："你还是上课说话了，如果你都做对了，老师能批评你吗？"孩子的心灵大门关上了，从此以后孩子不再和你讲心里话。你可以站在老师的立场上，但孩子不和你一伙了。你清楚你是哪伙的吗？为什么很多孩子会把什么事情都告诉我，而且还特别嘱咐我"千万别告诉我的爸爸妈妈"，我如果答应了，就真的不会告诉他的父母。为何孩子能和我讲心里话呢？因为孩子发现我和他是同伙。

"开心妈妈"的理念是"没有不好的孩子，只有不成熟的父母"，"开心妈妈"还有一句经典理论是"孩子有病，家长吃药"。今年四月我在深圳讲课，一个初二的学生去年休学，爸爸妈妈对我数落孩子的"罪证"，妈妈说孩子脾气不好无法沟通，爸爸说孩子偷钱。当爸爸说孩子偷钱的时候，孩子的头低下去、脸红了，这证明其实孩子没有那么坏。我和孩子谈话，我没问他为何偷钱为何不上学，这些质问的话是沟通的绊脚石。我问他的是快乐的理念，我问他快乐吗？他摇摇头，我问他想快乐吗？他点点头，当我问他"屈老师想帮助你和你父母有良好的沟通，你愿意吗？"他回答"不愿意"。这时谁接话茬了？是他妈妈，他妈妈说："你看看你看看，哪有这样的孩子，我们多不容易才等到咨询的机会，他却说不愿意，他多不珍惜，哪有这样不懂事的孩子！"妈妈这番话在证明什么？在证明妈妈给孩子贴的负标签是对的，证明孩子不好。我们可以示弱一点让孩子对一点吗？我们看不透很多事情的本质。当孩子说不愿意的时候，我的信念系统是这个孩子心里有多少破碎的碎片、有多少凄惨的故事才能让孩子不愿意和父母沟通？我问他："你看这样好不好，让爸爸妈妈到大厅等我们，我们单独交谈好吗？"孩子点点头。父母回避之后，我和孩子单独交谈。问孩子偷钱的事情对人格发展是很重要的导火索，我不忍心直接说，我说："爸爸说的事是什么时候的事情？"他说七八岁（虽然问题暴露在初二以后，但是在小时候累积起来的，人从生出来就养成各种习惯）。他说妈妈的钱放在抽屉里，他悄悄拿去买零食，妈妈没有发现，十几次后妈妈才发现，孩子已经养成坏习惯了。孩子生下来是个自然人，什么都不懂，如何完成从自然人到社会人的变化？家长钱放在那里没有数，我们挖了个陷阱让孩子跳，如果在财务制度中出纳和财务由一个人兼任不就是陷阱吗？父母发现孩子偷钱后是如何处理的呢？孩子说"就往死里打我"，我问孩子"你挨打的时候有没有想到改？"孩子说"没有，我想到的是恨"。这个孩子还缺乏社会支持系统。我问他："从你去年休学到现在，老师和同学有没有劝你去上学？"他说"没有"，我很诧异，难道他没有朋友吗？青春期的孩子没有朋友日子怎么过？和父母已经势不两立又没有朋友，电脑和电视早就掐断，那不是往死里逼孩子吗？能不能给孩子留一个出口？刚刚丰台一小一个五年级的孩子跳楼自杀了，东莞一个孩子早晨五点多跳楼，为什么孩子会跳楼？给孩子一个出口不是把孩子惯坏，我们要帮助、支持他，让他养成好的习惯不是坏的习惯，这都需要我们去学习和思考。我问这个孩子从什么时间开始没有朋友，他说四年级。有一次他拿了同班同学一元钱，让老师破了案，老师给他妈妈打电话，他妈妈说"你在家里偷我的钱，在学校还偷同学的钱"，全体老师和同学都知道他是小偷，他抬不起头来，班里丢了什么东西都赖是他偷的，有一次一个男孩丢了五角钱硬币都说是他偷的，他说没有偷但他们都不相信。我说"我相信"，孩子的眼泪就掉下来。孩子的内心已经伤痕累累，家长有没有看到孩子成长路上遇到障碍？我们很多家长的做法是什么？是指责，我们骂孩子，问题解决了吗？障碍不是还在吗？我们要做的是如何帮他搬掉障碍或者给他帮助让他跳过去。很多家长不懂，停留在自己伤害孩子的基础上还希望孩子好，有一句话是"风往哪吹，旗往哪飘"。我让孩子想像一下他30多岁的时候会是什么样子，会做什么工作，会是什么学历，他说他会有体面的工作，至少是大学本科毕业，我问他是否想考大学，他说真的想考。他说学习成绩中等，智商没有问题。为何智商没有问题却是中等生？孩子说："有的时候上课真的想注意听讲，但心里很烦，怎么都听不进去。"我问孩子想不想回学校上学？他说想。我没有说他应当回学校上学，"应当"也是沟通的绊脚石。我问孩子什么时间想回学校上学，他说9月份跟下一届新的初二走。我问他："你去年十月份休学，这半年没有摸过书本，都忘得差不多了，会不会有上课听不懂的时候？如果老师提问你回答不出来，学生们大笑，你心里会怎么样？"他说会难受，我问他"那怎么办呀？"他说提前做准备提前学习，他告诉我数学和英语都很烂，我们讲到如何复习，包括请家教。当孩子内心深处想学的时候，请家教报班都可以，当孩子内心深处不想学的时候，请家教报班都白花钱。人的一生成功也好失败也好，就是两个字"心态"。我们和孩子谈话，不是浮在表面上说"学习"，而是让他有动力有兴趣去学习，唤醒他的心。如果我们不会做，说明家长不合格，不要去骂孩子。如果我们想培养精品的产品，我们就要有精品的流水线，如果要让孩子拿金牌，我们就要当金牌教练。我说"很多成功人士都是拼搏来的"，他说"拼"，我和他击掌拉钩，孩子重重地击掌，拍得我的手都麻了。我们谈了1个小时10分钟，当他爸妈回来的时候他已经开始写学习计划，他妈妈遗憾没有听到我们的谈话。把他父母拉到一边我没有客气，让他们别高兴太早，我说："就你们两个乌鸦嘴，如果你们不改，超不过三天孩子涛声依旧。"

"孩子有病，家长吃药"。家庭教育的问题在哪里？在家长这里而不是孩子那里。我们不要太自以为是，孩子犯错误认为应当惩罚的请举手，有一些人。打过孩子的请举手，很多人都打过。

应该是孩子犯错的时候你们打孩子的吧，那么大人是不是不犯错？7 岁以前尿床不算，从 7 岁以后到现在没有犯过任何错的人请举手，没有人举手。孩子犯个错误算什么呢？"开心妈妈"的理念是"我的责任"，不管上句话是什么，下句都是"我的责任"。

108

二

第二个问题，家庭教育的现状。

我经常听到一些家长说孩子越大越不听话、越大越不懂事，还不如小时好带。有这种想法的人请举手，恭喜你们，因为孩子肩膀上终于长了一个脑袋，终于有了头脑有了思想有了主见，当他们看法和我们不一样的时候，不一定就是他的错。很多家长看不到现象的本质。

我女儿初三的时候是青春期，却主动给我看一封男孩子给她写的情书（因为信任她才给我看，我们母女是老铁，走进孩子内心世界和孩子做朋友是家长要做的事）。我看信看得直起鸡皮疙瘩，我是 50 年代的人，没有写过这样的情书。我想问一下家长，假如你的孩子遇到这种事情你会和孩子说什么？是否会说"妈妈可是过来人，妈妈不会坑你害你，初三是人生第一次百米竞赛，初三搞对象，一辈子前程就没有了，考上清华北大，什么样的找不到呀"。这些都是正确的废话，他想找的话听了你的话就会转入地下，当你明朗表态不同意的时候，他真的会转移的。不是给方法告诉她搞对象还是不搞对象，而是应当问问题引发她思考，我对女儿直接开放地问"你想怎么办？"她说想回信骂他，我开始和她对质，说以妈妈的经验为什么要得罪人为什么要当仇人呢？我女儿说"他烦人，他还不是直接把信给我，而是让我班的另一个男生转交给我的"。经过我们的讨论，我女儿给那个男生写了封回信，她回的信是这样写的："我心目中确实没有男朋友，但我未来的男朋友至少是研究生毕业，当你拿到研究生毕业通知书的时候，我一定和你交朋友。"

我在南方讲课的时候遇到一个中学校长，我们在一起吃饭。他说他儿子考上清华大学他去北京送孩子，我说他教育有方。他长得很帅，我问他孩子是不是长得也很帅，他说确实长得很帅而且一米八的大个，现在中学生初中、高中谈恋爱基本上是女孩主动追男孩，好几个女孩追一个男孩闹矛盾浪费时间，争风吃醋争宠，不会处理人际交往、两性关系，浪费很多时间。我问校长孩子初中和高中是怎么处理这些情况的？肯定有女孩子喜欢他呀。他说："你讲的很多方法我都做到了，我就是用讲故事的方法提前给我的小孩打预防针，小学五年级我就开始给孩子打预防针。"不是告诉孩子不能找对象，总说不能找对象不能找对象，他潜意识中就是对象，强化他对对象的意识。这个校长讲男人成功、失败的故事，成功后又失败或失败后又成功的反反复复的故事，最后孩子总结出一个规律：男人成功取决于背后女人的支持，男人失败一般都是栽在女人手里，不是不要女人而是要什么样的女人、什么时间找女人。孩子说："爸爸你放心吧，在考上大学之前我肯定不找对象。"

关键是我们能不能看透一些问题的本质、有没有高超教练的技能？有很多人死命让孩子进快班，到底是当鸡头还是当凤尾？不是说不能当凤尾，要看孩子的心理承受能力。如果心理很脆弱，真的可能把孩子的性命都交待了。考试后家长往往说孩子："谁考第一呀？他考多少分呀？一样的老师教一样的题，怎么人家考90多分你考70多分呀？"孩子说有人考得还不如他呢，家长一听更生气了："你怎么不和好样的比？你怎么专和差的比？你这么没出息！"这样比孩子是自信还是自卑？妻子对丈夫说"我嫁给你后悔死了，骑个破自行车，我们单位谁谁谁的丈夫都买汽车了"，丈夫会高兴吗？如果丈夫说"我赚钱养活你们，你连个孩子都带不好，你看邻居王太太接人待物，你学学人家王太太"，妻子会爱听吗？我们不爱听的话为什么要说孩子？孩子只能用小手维护自己可怜的自尊。

三

第三个问题，面对孩子的策略。

要了解孩子的特点，不同年龄阶段的孩子是有不同特点的。学龄前的孩子一定要让他玩好，不是盲目地玩，是要在玩中培养人格和创造力。干家务也可以培养人格和创造力；小学培养孩子的学习态度、负责任、有礼貌、与朋友交往等能力；青春期以后孩子的独立意识强，特别需要被尊重被理解，我们已经不是高高在上的家长，一定要以平等的知心朋友的角度出现，才能帮他解决问题。初中二年级是危险期是分界点，分水岭就看教练的水平，很多休学的孩子初二以前都是很好的。

如何走进孩子的心灵世界？读不懂孩子的话就没有办法帮助他。我在西安一所中学讲课的时候，有个孩子写信说"我以为这个世界上不会有人理解我了"，希望我给老师和家长讲讲课。想想家长和孩子说话的语气、眼神，我们如何能读懂孩子？

我们很多家长不会沟通，有个妈妈对儿子说："儿子，妈真诚地给你道歉，真诚地和你说对不起，以前从网吧把你找回来就打你是恨铁不成钢，现在才知道网络上瘾都是心灵受伤的孩子，都是现实生活中很多障碍过不去的孩子，过得不快乐的孩子，孩子你过得快乐吗？"妈妈从来没有用这样温柔体谅的语气说过话，孩子也向妈妈道歉。不管孩子发生什么问题，不管是打架了逃学了考试没考好还是处男女朋友了，处理问题的原则是"先处理情绪，后处理问题"，先处理我们的情绪再处理对方的情绪。

有一次我的学员讲了一个和班主任沟通的例子。她的孩子上课时戴着喜欢的帽子，老师让他摘下来，他摘下来之后老是玩那个帽子，老师说到第三次的时候特别生气，抢过来把帽子扔到窗外，让孩子自己去捡帽子，孩子捡回帽子之后没有多长时间又玩上了，老师把帽子放在讲台上让孩子在后面站着。妈妈听后心里很难受，特别想和老师沟通，让邻居把孩子带走。老师从教室刚要走的时候，这个妈妈说想和老师谈谈，老师说"我没有时间"。如果先产生情绪就无法处理问题，不管遇到什么事情，不仅要把自己的情绪处理好，还要处理好对方的情绪，这才是沟通的高手。这个妈妈没有生气，她在学校门口等，等到老师到学校门口的时候脸色依然冰冷，这个妈妈说："我开始到教室现在在校门口找您，没有到办公室找您，是怕别的不了解情况的老师有误会。"别人生气的时候不一定是冲你来的，老师说："你去吧，你找校长都行，我早就不想干了。"家长说："我没有这个意思，今天的事情我都清楚，一个孩子都把我气坏了，40多个孩子您多不容易呀。"老师说昨天一个孩子没写作业，她抓着他肩膀晃着说你怎么不写作业呀，放学后孩子告诉妈妈老师掐他肩膀，家长就找老师吵架。今天老师仍然是应战的架势，但妈妈说："您知道今天我为什么要和您谈吗？是因为您动真感情了，您如果情绪不好能吃好饭吗？我们儿子特别在乎您，您的话和圣旨一样，您说包书皮要用白纸包，我用挂历纸包都不行，非得在外面再包一层白纸。有一天回来特别高兴，说老师今天摸了他的头一下。"第二天妈妈再去接孩子，孩子说："今天老师摸了我三次头。"

孩子逆反100%是因为大人不会讲话，如果我们能表达尊重，孩子不会不听大人话还顶撞，如果孩子顶撞你肯定是你不会讲话。有的妈妈说："儿子，和你说多少次让你早点睡觉你不听，赶紧上床睡觉。"孩子说："你烦不烦人呀？我都和你说多少次了，我的事不用你管，你睡你的，你管我干什么呀？"如果这样说："儿子，妈妈看你这么用功学习，是既高兴又心疼，我问你个问题可以吗？这么晚睡觉第二天上课会不会困？"这里用的是尊重和关怀的疑问句，但很多家长都是命令口气的祈使句。

送给孩子最好的礼物是微笑。很多年轻父母生完孩子之后就开始摆家长架子，有的家长说孩子胆小懦弱不敢交流不敢回答问题，有个孩子说妈妈长得很漂亮但好几年没和他笑过了，有一天他在卫生间听到妈妈上楼和邻居笑的声音，很高兴就在客厅里站着等妈妈，但妈妈回家一看他在大厅站着，脸就变成扑克牌，说"作业写完了吗"，一听他说没写完就大发脾气。孩子胆小、没有自信是谁造成的？有句俗话是"初生牛犊不怕虎"。

要注重对孩子责任心的培养。两岁的孩子就有责任感，干完事情后亲亲他的脸摸摸他的头以示鼓励。上小学之后让孩子自己收拾书包自己削铅笔。

四

（现场答问）

问：孩子有错误的时候不打孩子，可以把孩子关在门外吗？

屈开：把孩子关在门外会让孩子心里有不安全感，长大后在事业及婚姻上都会有影响。不打孩子不等于纵容孩子犯错误，这里面有个度。孩子出问题要坚持原则，最可怕的是纵容，纵容比打还可怕。最不好的是打。抓住两条主线：一个是人格培养；一个是创造力培养。人格培养和创造力培养好，孩子学习不会有问题。越小的时候严格一点越好，越大放松一点越好。可现在很多家长是反过来，孩子养成坏习惯之后，上小学希望学习好的时候，从严格管学习开始打。打和严格不是一个概念。不要把孩子关在门外，可以关在卫生间或者其他什么地方，画个圈让他在圈里站着面壁思过不是不可以，有些方法可以做，但做完之后不要留下任何伤痕。孩子面壁的时候来客人，应马上解除，给他留面子，客人走后给他讲什么是面子什么是尊严。

问：孩子上课不听讲怎么办？

屈开：7 岁的孩子 45 分钟完全听讲是不现实的，我上学一直到大学都是听 10 分钟 15 分钟听懂了就不爱听了，但我们真想学的时候，我在师范学校的时候曾经一天做过 103 道数学题，想办法靠讲故事的方法养成好习惯。

问：如何教育孩子未来的前途问题？

屈开：关于孩子未来的前途，讲大道理是没有用的，还是通过讲故事的方法吧，我们要看大量的书，看书多了故事自然就会出现。

问：孩子埋怨老师偏心上课总不提问他，怎么办？

屈开：很多孩子都有这样的问题，所以告诉孩子有一片孩子举手的时候你不要举手，别人都不会的时候你赶紧举手。

许金声

北京市社会科学院应用心理学研究中心执行主任，社会学所研究员，北京市社会科学院学术委员会委员。

通心与成长

◇ 许金声

大家早上好。

今天很高兴有机会来和大家交流关于我研究心理学的心得。在今天讲座的后半部分我将会邀请一些朋友上台，现场解决你们的一些心理问题。

我今天要讲的题目是"通心与成长"。我发现心理学有一个最重要的至少是心理咨询中最重要的概念就是"通心"。通心很高的境界就是心心相印，每个人最大的利益就是心灵上的，比你有多少钱有多高地位更能使人感到幸福、愉快。

我们每个人活在世界上有两种基本的生存状态，一种是独处，一种是交往。独处可以分成三种，充实型、维持型、匮乏型。匮乏型的独处是一个人独处的时候有强烈的孤独感，迫切需要有人安慰他、包容他、支持他、理解他等等，是非常不舒服的状态，人在这种状态中会感到焦虑。大家自己想一想，是不是每个人都体会过这种状态？从我们生下来就体会到这种状态，当一个婴儿离开母亲时就会哭闹，因为他感到匮乏，母亲把他抱在怀里，他就会停止哭闹；维持型的独处是一个人独处的时候，找一些事情做，暂时忘记孤独；充实型的独处，一个人独处时不仅没有孤独感，他这个时候是在从事创作型的事情或在成长，有其他人干扰反而感到不舒服。这与年纪无关。

交往也可以分成三种，纠缠型，就是在交往的时候至少有一方会产生委屈愤怒抑郁无奈烦躁等等负面情绪，很多人会产生一种"还不如我一个人呢"的想法，往往就会重新回到独处。在相当的程度上，一个人的心理疾病发病的原因就在于，他独处的时候是匮乏型的，交往时是纠缠型的交往；如果你在交往的时候能够和平共处，虽然不是很通畅不是很通心，但是不至于产生冲突使自己感到委屈愤怒无奈，这时候的交往就叫维持型交往；还有一种交往是最好的人际交往状态，叫通心的交往，就是至少有一方能够换位体验，能够站在对方的立场上体会到对方的情绪或状态，也能够把自己的体会恰当地表达给对方。

一个人的心理是否健康人格是否健全，是看他在独处的时候有多少时间能够进入充实型的独处状态，交往时有多少时间能够进入通心的交往状态。和他独处与交往的比例没有关系。两种状态缺一不可。如果缺少一种，人也会出现问题。

通心是一种类本能

实际上我们可以把通心的概念加以扩展，扩展以后我们就可以把通心的行为扩展到大自然甚至古人，生活变得充实丰富起来，当你看书的时候，你可以和书中的人物通心，也可以和作者本身通心，站在他的立场考虑他的想法，他为什么要这样写？感觉到理解了，你的生活情趣也会大大增加。

通心对我们的成长是非常关键的能力。不光是与人交往的状态，甚至在独处的状态，我们都需要通心。人为什么能做到通心呢？通心的能力是一种类本能，本能是先天就会的不需要学习的，比如我们的手遇到火会自然地缩回来，这种能力就是本能，而类本能和本能有相同的地方，有人种遗传的基础，一只小鸡不会通心，但人具有这种能力，这种能力需要经过后天的学习和锻炼，才能被挖掘出来，所以叫做类本能。

我所观察到的例子是小孩两岁零十个月的时候就可以通心了，我见到一个7岁的小女孩，她5岁的时候就获得了全国少儿声乐比赛一等奖。我当时很感兴趣，看到她唱歌跳舞特别好，我采访了她母亲。她母亲谈到一段非常辛酸的往事。她母亲在怀孕的时候和她父亲闹离婚，在她两岁零十个月的时候父母亲就离婚了，她母亲非常沮丧很痛苦想自杀，遗书都写好了，小女孩看在眼里，一天突然对她妈妈说："妈妈，你要坚强，有很多人可以帮助我，你养我，长大我养你。"她母亲非常感动，打消了自杀的念头，成功地把她养育大，这是两岁零十个月能够通心的例子，她能够站在大人的角度说话。

特别巧的是，有一次我看电视节目，讲到荷兰的一个保险员，有一天她突然接到一个电话，说"我要买保险，到什么地方见面"，保险员一听这个地方有点偏僻，且已经是晚上，有点犹豫，但机会难得她还是去了。去了之后一个人都没有，就在这个时候她的手机响了，对方说"请你再向前走几步看看地上有什么东西"，她走过去一看是一块布，打开布就包着一个小孩，这个小孩是个残疾婴儿，她连忙拿手机往回打，但对方不接电话，她没有办法只好把小孩带回去。养到两岁零十个月的时候，因为保险员是个单亲家庭，她自己还有两个小孩，生活很困难，她想把小孩送出去，找了一个大学老师，这些举动被小孩了解了，有一天他走到她面前说："妈妈，你不要把我送人，你把我留下，我会照顾你，你生病的时候我可以给你倒开水。"保险员一听非常感动，打消把他送人的念头，下决心把他养育大。

通心说起来简单，就像有一句话说"三岁小孩都知道，八十老头做不到"，意思是想得虽然好，但做起来不太容易。能否做到通心取决于三个条件：第一个条件是看你的压力是不是足够大。我刚刚讲到小孩有足够的压力迫使他通心，如果你和某个人通心很困难，就给自己压力。第二个条件是我们自身的，心理状态和心理境界，如果一个人老是愤怒，这种愤怒情绪会影响他和一些人通心，特别是那些容易激起他愤怒情绪的人。比如一个人和他父亲的关系非常不好，想到父亲他就生气，如果某一天突然看到有一个人有点像他的父亲，他和对方说了两句话就吵起来，对父亲的怨恨影响他与人沟通，这是心理问题心理障碍。能够全部放空的情况下最能通心。第三个条件是你需要经过学习，就会更好地去通心。

通心这么重要，大家想不想提高一点通心的能力？现在，台上共摆了十把椅子，现场就可以提高你们的通心能力。

我们在生活中感到有烦恼感到活得不自在，一般来说都是人际关系出了问题，而人际关系的问题都可以追溯到你与某一个人或者某一些人不通心，所以通心是解决你烦恼、提高你生活质量的途径。在座的朋友里面如果有人想现场提高自己的通心能力，现在就可以想一想你感到烦恼的事情，想一件烦恼的事情，而这件烦恼的事情是在和一个你最想改善关系的人之间发生的，这个人或者是你的父母、或者是你的子女、或者是你的亲戚、或者是你的同事、或者是你的同学，大家注意不会涉及到你的隐私，你是绝对安全的，不会叫你说出你感到烦恼的人是谁，我就能帮助你提高你的通心能力。如果有人想现场提高通心能力，请上台。

好，谢谢你们，你们都是很勇敢的人。台下的朋友，你们可以注意地看、仔细地体会，我今天教的方法，你们回家后可以练习，当你有什么不高兴的事情的时候，特别想改善与某个人的关系的时候，可以运用这个方法。

请台上的各位闭上眼睛，靠在椅子上坐好，双手放在大腿上，很舒服地坐好，深吸一口气慢慢吐出来，放松，再深吸一口气再慢慢吐出来，再深吸一口气再均匀地吐出来，再深吸一口气，分成一、二、三均匀地吐出来，现在你们的心变得比较平静，你们的心开始安定下来，不要害怕，不会涉及到你们的隐私，你们都想到了一个特别想改善关系的人了吗？是不是都想到了？现在想一个与你特别想改善关系的人之间发生的烦恼的事，如果你已经想到了就轻轻地点一下头，你们之间发生了什么样的事情，一想到这个事情你的心里面是什么样的感受？感觉怎么样的不舒服？现在开始体会你的那种不舒服。

现在你们都站起来，面对你们所坐的椅子，现在想象对方就坐在这把椅子上，你看到他的时候感觉怎么样，你的身体会有感觉，根据你的感觉调整你的位置（10个人均向后退离椅子稍远一些）。你离他是远还是近？你的方向是正对他还是侧对他？现在根据你的感觉调整你的位置，他现在就在这把椅子上，体会你自己身体的感觉。你现在面对他的时候想对他说什么样的话？想法如何就对他说，不用说出来，说了以后他有什么样的反应，继续调整你身体的位置。

现在坐到椅子上，闭上眼睛，深吸一口气，现在感觉你慢慢地变成了他，我们每一个人都具有这种能力，只要你愿意你就可以变成任何一个人，想一想他是什么样子他经常的表情是什么，如果你感觉有一点困难没有关系，你继续放松，想一下自己就像孙悟空一样变成一个很小的人一下子钻到他心里面去，你就能够体会他的情绪和状态，他在想什么？他的感受是什么？如果你或多或少能体会到对方的状态你就轻轻点点头。

请站起来，重新面对对方，现在你想对他说什么话，想好了以后就对他说，说后根据你的感觉调整你的位置，现在你离他更近还是更远，方向是正对还是侧对？可以调整你的位置，请坐回椅子上。请各位第二次和对方说话感觉到距离更近的朋友请举手，共有8位朋友举手，掌声鼓励一下。第二次和对方说话感觉距离没有变化的请举手，没有。感觉距离更远的请举手，有1位。10位中有8位觉得更近，有1位更远，有1位方向有些变化。这就是练习的效果。一般来说我们感到需要改善和某个人的关系，需要和某个人通心，用这个方法能够改善一些。感觉距离变得更远的，大家请注意，这种情况不一定不好，因为有的情况是在通心之后大家找到了自己合适的位置，应该距离更远一点。

我现在还要出个题来考你们，大家注意听，现在不管你是否结婚、不管你有没有小孩，全都设想你们是一个6岁小男孩的父亲或者母亲，这个小男孩非常调皮，喜欢到处乱跑。星期日到了，你们要带小孩到很远的公园去玩，走之前你们会怎么样呢？肯定会有些担心，小男孩喜欢到处乱跑，你们告诉他到了地方不要乱跑。于是你们去了公园，但到了公园不到半个小时小男孩一转身就不见了，你开始找，找了一上午也没有找到，你刚刚买的数码照相机，在找孩子的过程中也被弄丢了，请问你的心理怎么样？找到下午天都快黑了，这个时候你看到远远的有个人牵着一个小孩走过来，你连忙跑过去一看，就是你的小孩，请问这个时候你对自己小孩说的第一句话是什么？真实的第一反应是什么？

（听众回答）

"我的孩子很优秀"、"你去哪了"、"宝宝你去哪了，快把妈妈急死了"、"宝贝我爱你"、"可找到你了"、"儿子你去哪了，没事吧"、"孩子谁让你到处乱跑"、"孩子你吃东西了吗？一天没有见到你了"、"儿子，你可回来了，你去哪了"、"不是告诉你了吗，不让你乱跑你还乱跑"、"你可回来了，以后可不要乱跑了"、"你这个讨厌鬼，你终于现身了"、"你这样太调皮了，以后注意"、"不要乱跑了，以后不要乱跑了"、"孩子你没事吧"。

这几个答案中哪个是比较通心的？"孩子你没事吧？"是比较通心的，通心的第一个要件是站在对方的立场上体会对方的情绪和状态；"你去哪了？妈妈急死了"，孩子丢了大半天，他的情绪和状态是什么？站在对方的立场上体会对方的情绪和状态，站在小孩的立场体会小孩的情绪和状态，他肯定是恐惧害怕着急，真正的通心就是首先要安抚他的害怕和着急。这个问题有个可以参考的答案，身体语言比什么话都管用，抱住小孩然后告诉他"不要害怕，你找到爸爸了"，如果你骂他"谁叫你到处乱跑，不是告诉你了吗"，他是听不进去的，你的话只会起反作用，他以后还会到处乱跑，这就是通心的一个练习。谢谢各位。

心理学教科书上有个概念叫"共情"，台湾叫"同理心"，通心是对应这两个概念的。我说的通心还有更丰富的含义，通心有三个要素，我把它称为通心的黄金三要素。

第一个要素是换位体验，刚才的练习就是换位体验的练习，大家回去可以做，遇到不高兴的事情，想和某个人改善关系时可以这样去做。换位体验就是我们通常说的换位思考，思考两个字确实用得非常不好，我是用"体验"，因为他不光是一个人头脑的事情，不光是思考的问题，而是身心体验的问题，要完全变成对方这个人是最好的状态，你和你父亲、母亲、孩子通心，好像你变成你父亲、母亲、孩子，出去旅游的时候和古人通心，比如你和苏东坡通心，你就变成苏东坡一样，换位体验做到极致就好像自己变成了对方。光有这个要素是不够的，如果只能够做到第一个要素，就好像刚才的父母一样，小孩搞丢了，小孩哭他也跟着一起哭，光是做了换位体验，是不够的，还要有自己的立场和状态。

第二个要素是清晰自己的立场，刚刚坐在台上的第二位朋友清晰自己的立场，她心里面有个过程，她想到自己是父母，所以蹲下来克制住自己的感情，说了那句比较妥当的安慰孩子的话，所以通心还有第二个要素是清晰自己的立场和状态。你是父母，你的责任就是养育你的孩子，培养你的孩子让他健康成长，这是通心的第二个要素。

只做到前两个要素除此之外什么都做不到还是无所作为，还有第三个要素即适当的表达，很重要的一条是有效比有道理更重要，在这个时候我们一般人最爱犯的错误就是讲道理，"不是告诉你了吗，不是早就说好了吗，为什么还到处乱跑？"这起不到任何作用，可能还会起反作用。

一个完整的通心包括这三个要素。

现场问答

下面还有一些时间，在座的朋友如果有什么问题可以写在纸上递给我，我尽量回答大家提出的一些问题。

问：我的外孙子今年 14 岁在上初一，他非常贪玩不爱做作业，父母看着他才能写作业，这个问题如何解决？

许金声：这个问题很抽象，大的原则是孩子需要通心，你要了解他为什么不做作业？为什么要盯着他才可以？为什么孩子爱看电视玩电脑？父母觉得这样看着孩子非常累，最好能够参加培训班经过一些训练，情况能够得到改善。

问：与不熟悉的人如何通心？

许金声：通心还有成本的问题，要看这个人是不是值得通心，就是通心的第二个要素，即你要清晰自己的状态和立场，有时遇到和不熟悉的人通心的问题，最好安定下来，仔细观察、体会，他的情绪和状态是什么，在对他的情绪和状态有所把握的基础上才能有效地沟通即通心。

问：我的朋友是一位律师，他非常厌世，希望到一个没有人的地方去自杀，怎么办？

许金声：如果你的朋友已经到了这种程度，我劝你最好帮帮他，劝他来接受心理咨询，一般自己是没有办法解决问题的，这种情况需要心理咨询。你要劝你的朋友找心理咨询师，经过专门训练有一定水平的心理咨询师会缓解他的情况，要从根本上解决问题。

问：怎么才能让孩子主动学习？

许金声：就是学会通心。第一位是换位体验，站在孩子的角度体会他的状态和情绪。

问：有一个人在交谈与交往中总是讲大而空的道理，忘记自己与人沟通的主题，如何改善？问题出在哪里呢？

许金声：如果他是这样的话，你需要耐心地听他说，然后告诉他没有讲清要沟通的主题，不要产生急躁的情绪甚至表现出你的生气。

问：怎么样有效地表达自己？

许金声：由于我们表达自己的目的是为了达到通心，着重的是要注意你在向谁表达，在表达之前想像自己就是对方，把话对自己说一遍，体会一下这句话对不对再说出去。一句话有一句话的效果。有一个原则是，在不能通心的时候还不如保持沉默，沉默比讲一些不通心的话更有效，不要讲废话，废话只会起负作用。

节省精力少讲废话，在对人说话之前先把话对自己说一遍，感觉行，再说出去。

问：每个人活的目的都是为了自己吗？我们是否应该学会分享？

许金声：不一定活着都是为了自己，人活的层次有很大差异，当他活到一定程度的时候，自己和他人、利己和利他，这种界线就被超越了，他的行为都是双赢。交往时做到通心就行了，通心就是双赢，超越了利他的做法。

问：我儿子今年 14 岁，成绩很好，但怕考试，考试给他压力太大，他说受不了总想跳楼自杀，怎么办？

许金声：压力中的一部分来源于你和你的妻子，是你们给子女施加压力，首先你能够做到的就是把这部分压力去掉。

问：如果换位思考仍然不能有效解决问题该怎么办？

许金声：换位思考的用词不太好，建议以后用换位体验。做了换位体验以后有时候仍然不能解决问题，那是我们还没有真正做到换位体验。往往是由于我们自身有问题，自身即心理还有问题没有解决，如果你能解决，变得比较空，就好办了。

问：一味替别人着想会让自己觉得很委屈是什么原因？如何才能解决？

许金声：说明你有一种心理情结，心理学上叫"助人情结"，你自己有某种恐惧感，怕别人不承认不接纳，老是用帮助别人来化解转移这种恐惧，你需要专业的处理才行。这种情结往往是由于小的时候和父母的关系形成的，是在生长的原生家庭即出生并且长大的家庭和父母兄弟姐妹的关系形成的。

早期教育

孙瑞雪 "爱和自由"的科学教育法

杨建华 儿童早期教育与潜能开发

孙瑞雪

幼儿教育家与心理学专家。1995年在银川创办了国内最早的蒙特梭利幼儿园。以她名字命名的"孙瑞雪教育机构"培养了一大批蒙特梭利教师。专著有《爱和自由》、《捕捉儿童敏感期》、《观察与创造》、《想象与创造》和《心灵与创造》。

"爱和自由"的科学教育法

◇ 孙瑞雪

我开办的幼儿园已经14年，在这14年中出去了一批又一批的孩子，我们的孩子到青春期的时候没有出现过社会上所出现的逆反期及早恋等问题。为什么这些孩子不会逆反不会有很多问题？难道这些孩子的生命里程和别的孩子不同？因为今天只有两个小时的时间，所以只能讲一个框架，希望会对大家有一些帮助，尤其是对一些妈妈。

第一个问题是爱的问题

我们的现实生活中，妈妈和老师都比较注重儿童的认知，都比较注重孩子是否比较聪明，但我们往往培养出大量不聪明的孩子，我们不知道孩子不聪明的原因是什么。第一个是爱的问题，**爱的问题不是一个教育的问题，是一个人的生命状态和素质的问题。**

人为什么需要爱？人从出生下来的那一刻起，生命就带着爱，从生到死需要爱这种情感是不可扼制的，到什么地步呢？就像人要喝水吃饭一样是生命的一部分。

爱不是一个想法也不是一个概念，爱要体现在生活中的一点一滴。如果妈妈对孩子说"谁叫你这么做的？妈妈已经和你说了不能这么做"，和拉着他的手蹲下来说"妈妈爱你，但这件事情不可以这样做"比较哪个更爱他？是后者。一个老师让孩子站队时很强硬很厉害地说"站到这来"，和老师告诉他"你站在这个位置上，和这个小朋友手拉手一起出去"哪个是爱？是后者。孩子吃饭的时候，我们用围嘴给他围起来，一口一口给他喂着吃，如果孩子想动我们说"乖乖地坐在那儿不要动，你听话不听话呀"，孩子站起来我们说"你坐在这儿呀"，孩子还是想起来，我们说"我不要你了"，我们常常这样说"你再这样，我不要你了"，他就乖乖地坐下了。所有的小朋友都担心被人抛弃，感觉到大人要如何惩罚他，这不叫爱。如果有人这样指责你对待你，你就会把头低下，越训斥越指责你越矮越低，最后就趴在地上了。我们说这不是教育，这从来没有涉及到教育的理念，这只是一个生命是否正常，他不好好学习自有他的理由，你有没有问他为什么？我们这样对待他不是教育问题，是把生命毁掉了。生命有一个基本的要求就是爱与尊重，我们要尊重一个生命，让他按照原本的样子去成长。

我们知道爱究竟有多么重要吗？在美国有一个实验，从一个中学上千个孩子中找出 10 个成绩最好被认为表现最优秀的，又挑出 10 个表现最差的，问他们一个问题就是"你妈妈是什么时候对你说'我爱你，孩子'这句话的"，表现最好的那 10 个孩子说的最差的是"昨天我妈妈告诉我的"，大部分都说"今天早晨"，表现最不好的 10 个孩子中只有一个说"我妈妈好像这么说过，什么时候我忘记了"，剩下的孩子都说没有。我一直在想我们为什么不善于对孩子表达爱，不善于在行为上言语上表达爱，用心欣赏我们的孩子？要实施教育没有那么难，因为不需要钱，蹲下搂住孩子说"妈妈非常爱你，你的诞生给妈妈带来幸福和快乐"，这句话不需要钱。基于我们内心的东西，我们可以说给我们的孩子听，你会知道爱与不爱对我们的孩子有多么重要。

　　孩子在应对外在世界时的唯一财富就是父母给予他的爱，爱是何等的重要。母鸡孵出小鸡后，小鸡会围在母鸡身旁，当你靠近时母鸡会防御你侵害它的孩子。如果你想靠近狮子的孩子会有大麻烦，母狮会攻击你。爱孩子是动物都会的。有的蜘蛛把小蜘蛛生在卵里，科学家把蜘蛛抓走了，蜘蛛妈妈除了吃就是想逃生，让另外一个蜘蛛守在卵旁边，20 天后放开蜘蛛妈妈就拼命地往孩子处跑，另外一只蜘蛛看到蜘蛛妈妈回去就离开了，因为知道卵里不是自己的孩子。科学家把卵打开后蜘蛛妈妈猝然而死，因为它知道那时候打开卵孩子是活不下去的。动物成长的年龄很短，一条狗不到一年零几个月就完全成熟了，人类不同，人类要有 18 年的里程才能够完全成熟，人类在成长的过程中结合了整个地球生命演化的过程，完全储存在孩子的生命里。

　　如果我们不能够爱我们的孩子，甚至不如动物爱孩子时，人类的水准会急剧下降。有的人很美好、有的人很差、有的人品质和智慧高、有的人品质和智慧低，究竟是什么导致这样的状态？第一个就是爱，我经常会问讲课的老师，如果每个班主任都像动物一样爱班里的孩子他们会有什么感觉，老师说会快乐、会自信、会喜悦、会健康、会有力量等等。人类和动物的差别究竟在哪里呢？动物爱自己的孩子和人类爱自己的孩子只有一个差别，人类能永无止境生生不息地成长而动物不能，我们对孩子的爱是爱孩子的成长。有人会说我们当然爱孩子的成长，那么你如果是 3 岁孩子的妈妈，你知道 6 岁孩子应该是什么样子吗？6 岁孩子的妈妈知道 12 岁孩子的发展里程是什么样的吗？4 岁的孩子不会写作业哭着不想上幼儿园，妈妈说"我不在意，你去吧"，他到学校面对的是老师，是一个强大的教育系统对他的高压和要求。这样的状态不尊重自然法则，会让很多孩子对学习产生恐惧。很多人会做梦梦到考试时卷子上的题一道都不会做，或者快考试结束时才赶到考场，为什么会做这样的梦呢？因为有严重的心理压力。

30岁的人把水倒在一个杯子里很容易，但小孩子倒就会洒掉，大人觉得这是简单的事情，所以会指责孩子。一个人总生活在指责中会是什么样子？大家有没有发现中国人的背是驼着的？因为各位从小就挨训，在小学，老师往那儿一站孩子就低下头。为什么人与人之间的关系是指责压制？

儿童是靠感觉来学习的

"爱与自由"的教育想告诉大家，从家长做起，去尊重我们的孩子，当孩子到这个地方的时候给孩子拿点吃的拿点笔纸让他坐在椅子上玩，儿童是依靠感觉来产生认知的。

八九岁的孩子坐在沙发上就会滑下来，是因为幼儿要发育身体，身体要让自由发挥作用，如果一个孩子坐在那儿想要做什么事情的时候，身体不能让他自由使用，身体的天赋就会受到巨大的损失。如果你上班的时候由领导集体带领去厕所，你蹲在那儿还有一个领导来回走动，你会有什么感受？你知道这种情形在哪里会有？监狱里都不会有，儿童的生命比成人要敏感很多，为什么在幼儿园会这样？为什么做妈妈的对此没有感觉？觉得孩子应该是这样，认为孩子没有自主能力不知道什么时间要上厕所，你认为孩子是无知的，这就是今天我们要讲的一个很重要的主题。

你知道别人是如何对待儿童的吗？你知道有的国家把儿童放在首位吗？你知道有的国家当学校的车停在那儿，任何一辆车都要让行吗？你知道有的国家永远有一个地方是专属儿童的吗？孩子小时候我们会问他：你想当科学家、教育家还是飞行员？这是你的潜意识里有一种想法，孩子可能成为各种类型的人物；我们不会问 18 岁的孩子你想成为科学家还是作家，因为你知道他已经没有可能了。换句话说，一个人的希望是在他的童年，一个家族的希望是在孩子身上，一个民族的希望也在孩子身上。

如果你不善待你的孩子，如果孩子得不到尊重，你能想象他是什么样子吗？一个小朋友上学时走到半路又折回家，我们会把孩子抱在腿上问"为什么回来"吗？孩子说"妈妈，我知道你要上班我很担心"，妈妈拿起孩子的手从手一直吻到他的脸，问孩子"你是不是觉得很不安？你觉得怎么了告诉妈妈"，解决问题后再让孩子去上学，我们这样做过吗？我们平时是怎么做的？看到去上学的孩子返回家就训斥孩子要迟到了让他赶紧上学，我们根本不知道如何对待孩子，我们不懂得怎么善待别人支持别人爱别人，不懂得一个人情绪不好的时候如何安慰。

我们再来看孩子究竟拥有什么。第一个是身体，孩子必须通过身体成长，所以不能老坐在一个地方，孩子是通过活动来成长来发现这个世界的秘密的，如果不让他动他的身体就会萎缩。有的小朋友干一件事之前要观察老师的脸色，有的孩子做一件事要看家长的脸色，他的身体被大人控制惯了，一个永远觉得干什么要靠别人的脸色允许来做的孩子，生命会有多悲凉！由于身体被控制了，心理也会出问题。这就是我们今天要说的我们要让孩子成为他身体的主人。儿童是有情绪的，儿童和妈妈分离的时候会疯狂地哭，我们会想他们为什么会这样？情绪是天然的，情绪是我们生命的一部分，我们靠情绪来干什么？来和物质世界过渡，如果大人把情绪压抑下来，回到家里来发，会成什么样子？孩子哭家长会不让孩子哭。但我们要让孩子顺利渡过情绪，当孩子哭着抱住妈妈的脖子死不放手的时候，这是一个情绪，他会哭会要妈妈，作为老师和妈妈如何体贴他的情绪？老师要说："我知道你离开妈妈之后很害怕非常害怕，但是老师带你会很安全，老师会像妈妈一样爱你，不让任何人伤害你，老师会保护你的。"孩子的焦虑感减轻了，而老师会每天甚至一周都领着孩子，让孩子体验到这一周老师都会保护他，老师不是说给他听的，老师会抱着他让他体验到老师的承诺。儿童是用头脑用体验来认知的，这种情绪的感受上升到头脑，会整合出一个"大人是可信的这个世界是安全的"结果。下一次再和妈妈分离的时候他还会哭，但是我过去领他让他和妈妈说再见的时候他会好很多，他感觉在幼儿园里有人理解他保护他。儿童未来的认知大部分是透过情绪来让这个世界过渡，情绪能让儿童把恐惧感放出来，能让孩子做一个过渡，能让孩子明白这个世界是这样子的。如果孩子哭的时候我说"你哭，哭顶什么用"，再转过头对妈妈说"所有的孩子哭上一个月都好了，哭是正常的你就让他哭吧"，孩子就坐在那儿继续哭，一个月之后孩子会得出"我是无奈的我是没有办法的这个现状是改变不了的"想法。这样的感受，是小时候得来的，会影响你的一生。如果你靠近的时候孩子后退，证明他不信任成人，要蹲下来告诉他"老师非常喜欢你，因为你非常可爱"。

儿童是情绪的，儿童在这个时候需要我们的安慰。我们要知道，孩子打针的时候不要强行按倒打完就走，要先告诉他："你的身体发烧了，需要用外来的东西支持你的身体让你的身体正常起来，需要打一针，我先抱着你看别人是怎么打针的，打针的时候有一点疼但能忍受，推的时候有胀痛，你会紧张但会过去的。"这样给孩子一个过渡，孩子的状态就会越来越好。

儿童是依靠感觉来学习的。有个爸爸拿个大气球向婴儿砸，婴儿吓得哇哇大哭，婴儿很恐惧，他不知道球里是空气球是空的不会伤害他，爸爸以他的标准判断孩子。大家通常都会以自己的标准来判断孩子，当孩子拿碗拿不好摔的时候会认为他笨，其实他拿不好是正常的，就像幼儿园的孩子包饺子，第一个包得特别不好，你告诉他包第二个可能还会包不好，但包到第四个会包得很好。问孩子他认为世界上最伟大的人是谁？小朋友会想出一个，这时告诉他："这些人在包第一个饺子的时候连你都不如，你包到第四个的时候一定能包到很好，每次的失败都能让你成功。"如果爱孩子的话，我们就应该告诉孩子犯错误是高级的一种活动，犯错误能帮助我们学会那个东西。我看过一个故事，有个小孩是盲人，他不知道自己看不见，他的妈妈也从来没有告诉过他，他出去后发现别人知道球过去了而他不知道，他去找妈妈问，妈妈把球拿起来放到他手里告诉他，人有五种感觉，分别是视觉、听觉、嗅觉、味觉、触觉，她对儿子说："你缺少一种感觉就是视觉，但你用四种感觉依然能够完成你的人生。"这个孩子后来成为一个很成功的人，他对别人说："我永远不会忘记我妈妈对我说的话，我用四种感觉可以很好地完成我的人生。"

我们知道儿童是用感觉来学习的，如果把儿童的感觉去掉的话儿童是没有办法学习的。儿童要发展头脑中的认知部分，同时发展内在的情绪、直觉和身体的感受，这些东西都是创造的源泉，创造不是靠大脑，大脑是逻辑分析的，创造的本能来自于身体的另外一部分，随着生命的发展会和认知合为一体，成为孩子成长重要的一部分，我们通过爱孩子把这些东西发展起来，我们说这是给予孩子的爱。

要把自由给孩子

为什么要给孩子自由呢？中国人的传统观念认为，儿童是出生后什么都不知道的容器，需要我们往里填东西，填得越多孩子越聪明。是否是这样的呢？

回家可以做个实验，你不要打骂威胁孩子，让孩子放松，和他斗智斗勇看谁能斗过谁，你肯定斗不过他。你要说什么他已经知道了，而他要说什么你并不知道，儿童的这种智慧和聪明源于什么？他依靠的是精神胚胎，用简单的话来说，一个人拥有宇宙和自然界给他的一部分，同时还拥有人类的遗传基因，储存了这么多的东西，当精子和卵子结合的时候，身体内在有个精神，储存着精神密码，孩子的精神密码在指导他做什么事情，用中国人的话来说，那个东西就是佛性，很多和尚要修一辈子才能得到，婴儿出生时是带着的，会指导他做事情。大家能够看到全世界的婴儿都是用口认识世界，接着会用手来认识世界，这些活动是儿童在建构一个自己，儿童内在有一个东西会指导他让他做什么事情，儿童是透过感觉来学习。你必须把自由给儿童，儿童才能发展起来，建构一个自我，这个自我就是他自己。

比如 1 岁的小朋友，通过拿纸玩来发展自己，我们可能会说脏、不卫生，不让他玩。如果身体是一个房间，里面是要有一个主人的，儿童从 0 岁生下来由他自己建构一个自我，我们不让他拿纸等于他不能做自己的主人，父母要做他的主人，当他 3 岁上幼儿园的时候再拿纸玩，老师依然不让他玩让他学习，这个时候老师是他的主人，小学时新的老师是他的主人。

当他长大的时候会发现身体里有很多主人，会出现什么问题？

这个人什么都感觉是，头三个月这样认为后三个月那样认为，因为身体里的主人太多，内在会有太多焦虑，生命就被浪费了。

这个生命是属于他自己的，任何一个人都没有权利让他来为你实现你的愿望，做父母的有没有权利？没有。孩子的生命属于孩子，是要他自己进化的，我们只能让这个生命来展示他的天分，形成、发展他自己，这才是他生命的主要。

教育的根本原因是让一个孩子从 0 到 6 岁建构他自己，他未来的创造聪明来源于他是否建构了一个自己。这时候儿童内心产生的东西称为理想。有的小朋友没有理想是没有长到那个年龄，身体长到 16 岁，心理年龄在 4 岁，他会用 16 岁的身体做 4 岁的事情，因此不可能有理想，心灵长到 16 岁才能产生创造的理想，然后就会用将近 20 年的时间实现现实中的自己，40 岁的时候会重新审视他的生命，会走出自我贡献社会，童年精神胚胎的部分会再次出来让他重新审视自己审视世界服务他人。

很多教育学家和心理学家认为，一个人的生命成长要用 40 年来完成，我们今天想要 3 岁的孩子做很大孩子的事情，这是生命的透支，这样的透支是需要付出代价的。生命最可贵的是要让他成为他自己长成他自己，生命才没有焦虑。我看到我儿子玩一个游戏，问我知道是从哪里来的吗，我说我不知道，他说我是从外星球来的，一个陨石掉到地球上掉到海里，生命诞生，是鱼类，吃东西后嗖地长大，有人追它时它跑，突然有一天它死亡了，我说它死了吗，我儿子说"不，妈妈，进化开始了"。

仔细回忆一下奶奶、妈妈和你，是三种不同的生命状态，是三种不同的进化，当你生下来和你奶奶截然不同，旧的生命的离去就是新的生命的诞生，这就是进化，用奶奶的方式教育孩子，进化完全不同怎么能用那样的方式对待他呢？生命就是这样过，这样的时候要这样对待。我们要养育一个孩子就是要把自由给孩子，**让孩子按照生命的状态来发展，你不可以替代，这就叫自由。**

很多人说这个自由给孩子人会出问题。我们幼儿园想在学校里养些动物和孩子生活在一起，于是就养了几只羊。看院子的爷爷老想把羊拴住，我告诉他羊是要放开的，要让孩子和羊自然相处。但我一走他就把羊拴住、我一去就把羊放开，羊压抑了被放开后满院子乱跑把小朋友吓一跳，跑很多圈压抑释放掉才安静下来。动物都是这样，何况小朋友呢？爷爷后来说知道这个教育是什么意思了，庄稼是自己长的，农民只是提供好的条件。

孩子的成长是靠自己，尤其是 6 岁以前，父母只给孩子提供两个条件，一个是爱一个是自由就行了。如果一个猴子在童年不能足够玩耍就不能成为猴王，你有没有想过人被驯化是什么感受？人们没有意识到人的生命是何等高贵，孩子被一些人驯化成放到那儿不让动说什么就是什么，这真的是太可怕了！我们要做到让生命按照自己的意愿做，只是你不了解他为什么那样，你不了解不意味着他那样做没有意义。玩捉迷藏时孩子就藏在一个地方，每次都要在那儿找到他，换个地方他就不高兴，你会觉得孩子愚蠢，但儿童就是要发现这个东西，藏到那儿有永久客体的感觉，就是东西放在那儿永远不消失。爸爸妈妈去上班小孩子认为他们消失不存在了，但随着年龄的增长他会知道爸爸妈妈是存在的会回来。你把麦克风藏在后面小孩子会觉得东西消失掉了，孩子再大一点会知道你把它藏起来了它依然是存在的，这就是孩子的发展，孩子做的每件事都是这样的。小朋友都喜欢推车，推不动就会哭，告诉他可以推过来他就知道绕着走，他学习到物质是不可逆的，越小的孩子越喜欢越在发展这个物质世界最简单最基本的哲学问题，看似简单但非常深刻。

你用你的世界理解儿童就会出问题，我们不知道孩子为什么喜欢跑来跑去，不知道孩子为什么喜欢捏香蕉，你不知道儿童在发展什么。有的小朋友把大便拉到门口，老师说去扫掉，但拿东西回来之后发现大便不见了，第二天妈妈说孩子把大便整齐地裹在纸里放在包里，当妈妈闻到味拿出去后孩子一把夺过来说"是我的"，知道这是为什么吗？这是孩子认知产生的一个标记，认知产生就产生了区别和界线，产生了认知，就会说"这是我的"。他最主要的第一样东西是他的大便，那确实是他的，小朋友就是这样。有一个小朋友在前面走放了一个屁，老师说放了一个屁，小朋友转过头说"是我的，不是你的"。随着儿童的成长，所有认知问题都会在 6 岁以前完成，比如说婚姻问题，很自然的，小男孩喜欢小女孩，给她找了一把伞。这是敏感期，如果你想知道孩子的心智发展是否正常，从敏感期是最能判断的，不要迫害孩子的敏感期，小孩子做一些事情是正常的，要把自由给孩子。

让孩子认识规则

很多人说给孩子自由、想干什么就干什么会乱套的，这是不自由的人心中产生的信念。假设一个情形，今天谁都走不出一个剧场，注定一辈子都在这儿，我们拥有的资源就是这些东西，怎么样才能做到让所有人生活在剧院的时候达到公平、平等？只有靠一样东西，就是规则。

下面我们要讲的就是规则。规则就是大家共同的一个约定。比如今天我在办公室的时候同事问我 4 岁的孩子认识多少个字，我说一个字不认识，同事说她的孩子认识 300 个字，这样一比较会焦虑害怕。回家打开门发现孩子在看电视，"看，你就知道看电视，你难道就不会学习吗，不要看了，把电视关了"，是不是会这样说？如果今天一个朋友说吃完饭一起去玩，我们回家先给孩子做饭吃完饭再走，回家发现孩子看电视很高兴只要不打扰我就好，孩子的状态完全掌握在我们个人的情绪里。如果我们有规则，告诉孩子6点到7点看动画片，7点以后去玩，我回家看是6点10分，孩子在看电视我不用管他，我说妈妈回来了孩子不紧张因为他知道是自己的时间，他很轻松地看电视我很轻松地干我的事，7点时我问他7点钟了你为什么还看？他说动画片还没有看完，我说把它看完就关好吗？他会说好。动画片完了有的孩子会关有的孩子不会关，妈妈说已经说好了要关的，孩子仍然不关。妈妈不生气，说是你自己关还是妈妈关，孩子还不让关。妈妈过去把电视关掉，孩子哭，妈妈说"妈妈知道你很生气非常生气，但我们说好了"，陪伴他让他哭，坚持一周就好了，这就叫规则。

这个规则会让你轻松的，比如说到商店买东西，孩子都愿意买零食，规则是我们每次去商店只能买一样或者两样东西，至于这两样东西是什么，我把自由给他。如果他拿了三样，告诉他"我们说好就拿两样好吗？"他非要买，说可以放到明天买，他就要今天买，告诉他"妈妈知道你非常想要这个东西，那么你可以在另外两个中选择一个和它在一起"，如果他还不同意，我告诉他只能买两样，他会很生气会哭，哭是孩子的愿望和期待没有达到满足，在表达自己的失望，不会给孩子造成伤害，要把伤心和伤害分离开，这时候孩子只是伤心，等他哭完了还是坚持只能买两样，这就叫规则。别人的东西不可以动不可以拿，一个孩子拿了别人的东西不还，那个孩子过来抢说是他的，我们这时候要建立规则，告诉拿别人东西的孩子"别人的东西不可以拿，你把东西给老师，老师说三遍，别人的东西不可以拿"，说到三遍的时候强行从他手里把东西拿过来，如果他哭没有关系，哭完之后我们再解决。问两个孩子"这个东西的主人是谁？告诉老师谁是东西的主人？"有个孩子会说是他的，老师问抢东西的孩子"这个东西的主人是他，这个东西是他的，是这样吗？"抢东西的孩子会说是，先把财产主人判断清楚，然后对抢东西的孩子说："别人的东西不可以拿，你知道吗？"孩子说"我现在知道了。"再说："如果你想玩这个东西的话你要征求他的同意。"于是抢东西的孩子问那个孩子"我可以和你分享这个东西吗？"那个孩子同意了，告诉孩子"这个时候你才可以拿他的东西"，如果东西的主人不同意，抢东西的孩子哭了，老师要拥抱着他说："老师知道你很失望，但我们要尊重他对你说'不'，请尊重他对你说'不'好吗？刚才你拿了他的东西没有经过他的同意，请你对他说对不起。"孩子说"对不起"，对方会说"没关系"，这个问题就是规则。这就是妈妈和老师要做的事情。

我们说建立规则是保证所有的小朋友不受到伤害，自由不受到限制，每个小孩在学校都可以获得巨大的自由，小朋友在院子里、屋子里可以自由活动，自由发展自己，规则是保护孩子的自由、孩子的利益。如果我们让一个孩子玩什么东西由老师说了算，孩子都仰视老师，如果让孩子谁先拿到谁先玩他放弃你才能玩，这要不要老师来管？要。我们这样成长，对权力的欲望特别大，我们稍不小心就开始控制别人，我们对我们的孩子会有巨大的权力欲望，会控制自己的孩子，我们认为让他们做什么他们就应该做什么。

规则有三条：不可以伤害自己，不可以伤害他人，不可以伤害环境。 只要这三条做到了，孩子的自由就完全可以给他了。自由本来是属于儿童的，我们让儿童在自由中成长，儿童的感觉身体会全方位地得到非常好的成长状态，才能像一个人那样成长，还原人的本质、人的特点。

只有在规则中生命才能变得平等。如果今天是六一儿童节我们给大家演出文艺节目，任何一个小朋友都有权利站在台上展示自己，不能说他不会就不让他上台，平等的规则是所有的宝宝都上台。在幼儿园有 4 年时间，这个权利对他们很重要，所有的小朋友都有权利站在这。这是小孩的世界，这样的机会对每个人都是平等的，如果一个学校只选择会跳舞的孩子上台，有的孩子可能一辈子都不能上台。我们学校全体孩子都上台演出，有一个孩子坚定地不上台，妈妈说他不演出就把他送到别的幼儿园，孩子答应上台，却站在后面一动不动，对老师说他不愿意上台，妈妈威胁他换幼儿园，演出后他下去和老师说"我拯救了我自己"。这样的环境叫成长叫文明。没有规则的话老师是有偏爱的，老师会偏爱善于表达的孩子、灵活的孩子。感受对孩子是非常重要的，规则是什么呢？这就是规则带来的一种文明，学校不是选拔赛，我们给每个孩子一个成长的机会，每个孩子都拥有成长的权利，这样的权利如何获得保证？就是规则。有的孩子上台后就看着，但对孩子是正常的，要让孩子有充分展示自己的机会。幼儿园应该这样，家里也应该这样，给孩子机会。

爱和自由、规则和平等就是保证每个孩子拥有同等的成长的机会，拥有同等的权利拥有同等的发展。我们能够看到孩子的状态不一样，每个状态都非常好，我们期望建立的教育机制就是尊重、爱和支持每个生命的成长。先从家长做起，学会爱我们的孩子，如果你的孩子你不爱，你就极难找到别人的爱。我们期望给每个孩子共同成长的机会，自由探索这个世界，能够建构一个非常好的自由。期望每个老师每个家长和孩子一起成长，来传播这个教育理想，使孩子受益。如果我们真的做到这一点，我们的素质就会从根本上产生变化。我们不要担心孩子不教导就会变坏，所有的孩子都是在出生后变坏的，出生之前没有坏的，是在无爱的状态下才出问题。

这个世界有个爱的法则、有个自由的法则、有个规则的法则，秩序的状态下衍生出的也是秩序的。我们不能把它变成强权、变成权威、变成等级的关系，孩子会出问题。比如妈妈让孩子赶紧把玩具收起来，孩子说"如果你温柔地说，我也会这样做"。你善待孩子，孩子会知道世界、知道自己怎么了，会解除你的担忧，心理和智力状态会发展得很好。

我要告诉大家的是请大家按照孩子生命的法则来进行，不用担心，成长是有年龄阶段的，什么样的年龄做什么样的事情是有法则可决定的。让6岁的孩子有礼貌有教养很难做到，让小孩子坐两个小时很难做到，不是不好是天然做不到，要尊重这个事实，强迫他做是不实事求是，不实事求是是要付出代价的，爱是用生命的激情和爱来激发孩子内在的精神学习和成长的愿望，给孩子自由是借助外在的世界来发展身心，用规则来保证孩子前面两部分的成长不出问题，是平等、尊重和爱的关系，孩子和环境是爱、平等、自由的关系，如果靠规则能够做这些保证的话，孩子的成长就有了一个依靠有了一个保证。希望大家相信孩子爱孩子，爱自己的孩子终身不会后悔。

谢谢大家。

杨建华

　　中央教育科学研究所信息中心主任。

儿童早期教育与潜能开发

◇ 杨建华

我自 1970 年开始教书，到现在一直没有脱离过教育行当。我教了 9 年书然后又上了 7 年学，也是学习教育，我一直从事教育研究工作，大致前半生都没有离开过教育。我说不上是教育方面的专家，但可以说是教育资深工作者。

我也是一个家长，平时在教育孩子的过程中，会有自己遇到的困惑，今天主要是和家长一起讨论如何和孩子打交道，如何把孩子培养成我们期望的人，和大家讨论儿童早期教育与潜能开发的问题。

今天我主要和大家讨论一下现在流行的一些观念，以及更好教育孩子的方法及方法背后存在的基础这些问题。

早期的环境信息

现在在社会上流行的重要的教育观念有哪些呢？首先是"早期教育"。

早期教育观念提出一个很重要的思想，就是充分利用一生当中某种心理机能最佳发展时期，在这个阶段对孩子实施教育，对孩子一生的影响起到事半功倍的效果。很多人都知道狼孩的故事，说的是一个孩子小时候被狼带到狼窝里，从小生活在狼群的社会里，后来通过各种机缘回归到人类社会。心理学家发现，由于这个孩子很早就在狼群社会中生活，没有学习到人类的语言机能、行为模式，再让他重新适应人类社会他学习起来非常困难。这个例子强调了一个基本思想，在人发展的早期，他所处的环境给他各种各样的信息，表明早期教育强调最佳发展期是非常重要的。

早期教育可能给孩子的未来带来很多方便的影响。很多三四岁的孩子进行珠心算及其他识字方面的训练计算能力非常强。有人问应不应该这么早做这些事情？做过这些事情的孩子，不仅学会一种技能，更主要的是有对数字、文字积极的兴趣，使他对这方面的东西感兴趣。在早期教育当中，很重要的一点是为一生奠定对数字对文字的敏感性。

从教育学上说，我们把教育大致分成三种类型：奠基型、补偿型、矫正型。奠基型教育是在儿童发展的早期施以比较系统、科学的影响，也就是训练，这是一个人一生奠基的时期。强调的是对孩子一生的发展奠定一个良好的基础，并不是让他获得某种特定的技能。错过了这个时期，我们能不能进行补偿型教育以弥补早期教育的不足呢？错过了最佳发展期，也可以进行补偿型教育，但效果却是事倍功半。

潜能

再说说孩子的潜能开发。

对于潜能有各种各样的理解，我们如何正确理解潜能呢？研究界对潜能还没有大家完全认可的概念，大家对潜能开发有不同的理解。潜能就是潜在的能力而不是直接外显的能力，换句话说，可能是看不见摸不着的。虽然看不见摸不着，但人类在进行各种各样的活动的时候，这种潜在的能力确实起着支撑性的作用。

潜能带有理性的特点。

我们说一个孩子游泳好，实际上更重要的是测定他内在潜能的素质，比如力量、速度、爆发力等等，正是依赖于潜在的心理和生理机能，人才能更好地游泳。打球时你看到球打过来用拍子接，中间一个很重要的心理素质是你的空间判断力和身体的协调能力，平常你看不到空间判断力，但它确实在支配和支撑着你做各种各样的活动。

潜能是一种看不见但又确实在你各种活动中发挥重要作用的能力。四五岁的孩子能够在瞬间把很大量的数累加在短时间内计算出结果，这是为什么呢？因为经过特殊的训练之后提高了心理潜在的能力，通过训练强化以后提高了短时记忆的广度提高了注意的广度。我们看不见也摸不着潜能，只能通过外部行为检测，在我们直观上没有办法比较，但切切实实支撑着人的各种活动。

可能性是和现实性相对的，说潜能是一种可能性意味着什么？其实就是说如果这种可能性必须经过激活才能变成现实性，如果没有一种外部刺激来激活这些潜在的能力，潜能可能就会永远沉睡下去。我们平时经常说的一个孩子有天赋，但仅仅是可能性，如果不加以外部刺激激活它，它可能就会沉睡。

现在很多家长都特别强调特别注意善于发现孩子的先天秉性中特有的东西，目的在于早期发现这些孩子有哪些潜在的可能性。要发现孩子先天秉性中特有的潜在的东西给它提供良好的外部环境。

潜力还有一层意思就是还有余地，即有很多有待开发的各种能力还没有得到有效的利用。潜能是非常重要的心理能力。一个孩子在学习过程中好动，不要仅仅说孩子坐不住记不住，这和他的各种各样潜在的心理素质有关。

　　心理学家有个观点，认为人类之所以没有更好地利用人脑的机能，是因为人的右脑的开发没有得到重视。通常认为人类的左脑控制语言符号和抽象思维，有的人半身不遂往往语言发生障碍，左脑的一个重要作用就是主导语言、主导抽象思维，学数学、逻辑都与左脑有关；右脑主管人的情绪、情感、形象的思维，当你阅读一个小说的时候，你看到的情节所受到的感染所激发的情绪主要作用于你的右脑，通过右脑影响人的心理，因此也称右脑是艺术脑、形象脑。

　　由于人类越来越偏向于抽象思维、数学和语言的运用，主要用到左脑。

　　最近有一个新的观念，哪个脑单独存在都不能很好地完成任务，右脑开发了就会如何的观点不是绝对正确的，任何人类活动都是两个脑在协调工作，我们更强调的是怎么样通过各种各样的方式来刺激脑的协同工作。比如珠心算，我们用左右脑协同原理对教学方式作过分析，得出的结论是珠心算是通过手上的珠算拨珠把这些珠子在脑子里形成形象的印象，转化成数字符号，再用逻辑关系进行处理，最后得出结果，大致是这样的过程。

　　早期和潜能这两个观念是有直接关系的。为什么早期观念和潜能观念有联系呢？人类很多潜在的能力的最佳发展期大多在儿童阶段。

迁移

　　此外，在教育中家长要注意的另外一个问题，涉及到一个心理学的概念，叫做"迁移"。比如学珠心算，不仅是掌握数学的计算，更重要的是通过学习所获得的心理能力。这里面就涉及到迁移，在一种特殊的教育之中所获得的技能、能力怎么样更有效地用在相似的环境之中？在一个地方学的东西在别的地方更好地发挥作用，这个过程叫迁移。

我们不要让孩子以学会某种技能为目的，而是通过这样的学习和训练让他获得各种各样心理品质的发展。由于他经过这样的训练，这个孩子遇到某件事、某个学习科目需要高度专注的时候，要比其他孩子强得多，能够集中自己的心理能量。

有时我和家长座谈聊天，家长说孩子坐不住，听说珠心算能让孩子坐住，想通过珠心算让孩子坐住；这种观念不一定合适。其实孩子坐不住是对的，如果一个孩子整天傻吃闷坐，恐怕不是有病就是性格不活跃。**专注不是不动，专注有个特定的含义就是当你面临一个任务的时候，你能够动员身体的所有能量，把所有的能量和心理机能集中在这件事情上，能够很有效地把它完成。这些说起来容易，但真正能做到的孩子很少，很多孩子上课时不能高度集中去完成他的学业。**

我们要培养的是和这类有关的东西。在对孩子的教育当中，千万不要认为给孩子报了班学会了某种技能就可以了，更重要的是孩子能够通过训练获得哪些心理机能的发展。我们有相当多的人工作和专业不对口，难道大学教育就没有用了吗？不是，通过大学教育不仅要学专业的知识，还通过专业知识使视野、境界、分析能力得到提高，不是学会计将来就只能做会计，而是通过某种特定学科提高全面素质。这就是迁移，是教育很重要的一个方面。

发展价值

家长在给孩子提供早期教育环境时经常遇到一些选择问题，就是选什么样的学校？让孩子学什么？如何学得更有价值？这是家长经常面临的问题。

这就涉及到你的教育思想，让孩子入学的学校的教育思想。我们在给孩子选择一个项目的时候要注意两点，第一点是在给孩子报各种班之前要做出慎重选择，强调学什么，在选择学什么的时候，有没有价值可以分成两个问题，公用价值和发展价值。**对孩子未来的发展有没有用处要看发展价值，对孩子整个心理发展、人格成长有多大的价值，这通常叫做发展价值而不仅仅是实用价值。**

我们要给孩子报一个班，就是要报将来有用的，告诉大家一个原则，考虑问题时要先看有没有公用价值。在这个问题上要咨询多种多样的人，看有什么价值，除公用性价值外，对孩子的心理发展有多大的作用会产生什么样的效果。孩子弹钢琴可能在艺术的感觉感受力上在右脑和动作的协调上都会有好处，将来作为自己的一门爱好，既有公用价值也有发展价值。大家在选择时千万不要忘了，教育这个东西，不仅要有我们的期望，还要有孩子的先天秉赋、孩子的优势和需要。

有个问题往往被家长忽略，即认为把孩子送到某个班学习，送进这些学校就是进行早期教育，这是误区。我们不仅关注学什么，更重要的是关注怎么学，不仅关注学校教什么，还要关注学校怎么教。假如说在北京四中学物理和其他的差一点的学校学物理，虽然学的都是同样的东西，但发展价值是一样吗？对孩子成长的促进一样吗？显然不一样。除了学什么之外还有怎么学的问题，学校除了教什么之外还有怎么教的问题。更重要的是看怎么教，大家不要误会怎么教是看实际做什么，不仅有教学方法的怎么教，更重要的是看教育思想、教育理念和教育模式。

个别化

个别化个性教育，按照学术界的说法叫做差异化教学，现在不管是学校教育还是早期教育，追求的往往都是差异化教育。

很多公立学校是大班集体授课，有助于大量的学生接受教育，是一种很有效的方法模式，但这种模式全班是统一的步调，一个老师某种特定的方法，针对每个学生都是这样的，平均的进度，有很多的弊端。

我们强调个别化、强调差异化教学，很重要的原因就是每个学生都是有差异的，这是个体差异。吃了同样的中药有的人管用有的人不管用，就是因为有个别的差异。

孩子的差异表现在很多方面，有的孩子听觉系统是最优势的，换句话说他听完东西记忆好理解快；有的孩子是视觉型的，凡是写过的记得最好；还有的孩子怎么给他讲死活不明白，做两个动作他不仅理解了而且记住了。要善于发现孩子不同的学习风格的差异，假如我们说一个孩子听觉型为主导，我们大量提供的东西和理解的渠道就是给他讲；如果是肢体记忆比较强势的孩子，给他讲操作型的实例他理解更快。

人的学习风格有差异，心理品质也是有差异的，有的人记得快忘得也快，有的人记得慢但记得牢忘得慢，根据不同的孩子可以设计不同的方案进行针对性的教育。

现在的教育之所以无效或者低效，重要的一点是不能根据孩子的特点差异提供个别化、差异化的教育。孔子提出因材施教，就是根据孩子不同的特点提供不同的教育。考察一个学校，要看学校有没有将差异化作为教育理念。因材施教，如何识别"材"？

需要老师对孩子的特点有非常准确的判断，知道针对这样的"材"应该采取什么样的对策。

在教育上不能把任何一种方法绝对化，这种方法对这个孩子可能有效对那个孩子效果可能不一定好，教育的说法不能绝对化。

有人提倡赏识教育，这是很流行的，我也很赞成赏识教育，但不能绝对化，赏识不是让孩子飘飘然，不能让孩子过分自我膨胀。**赏识教育就是在适当的时候给孩子提供中肯的积极的外部评价，目的是使孩子有一个积极的自我不受伤害，而且有一种积极的期待，他对未来有期待会很向上很健康地成长。**

也有一种理论提倡挫折教育，说孩子要经历挫折经历苦难，我们听起来也对，在一定条件下对于某些孩子，为了形成某种东西，它是有效的并没有错，一定要看在什么条件下对什么样的孩子，如果绝对化了就成了灾难。对太优越比较自负的孩子要经常给他挫折教育，体验失败让他正确对待失败。对心理上比较消极的孩子就不能挫折，老积累失败就更没有进取心了。一个人本来就自卑，自信心不足，成绩老上不去，给他灾难让他经受挫折他就垮了。

没有一把开千把锁的万能钥匙。无论采取什么方法，都是要形成孩子积极的自我，让孩子逐渐学会对自己有个恰当的评价，能够在成绩面前不骄傲、失败面前不气馁。

孩子和大人是有区别的，通过讲故事做游戏掌握和儿童打交道的方式，形成童心童言和童趣，这样和孩子打交道才更好，家长也需要有这种修养。

今天的讲座就到这里，谢谢大家。

成长阶梯

王大伟　　孩子平安教育：如何进行自我防范
陶宏开　　把电脑与网络当成工具而不是玩具
王宝祥　　发展孩子智力，提高学习成绩
徐国静　　帮助孩子搭建通向成功的阶梯
王极盛　　父母怎样关注孩子的心理情绪
陆晓娅　　父母的情绪管理

王大伟

　　中国人民公安大学犯罪学系教授，二级警监，中国青少年犯罪学会常务理事。教育学学士、警察学硕士（英国艾克塞特大学警察学研究中心）、教育法学博士。

孩子平安教育：如何进行自我防范

◇ 王大伟

　　各位朋友上午好。今天给大家讲讲怎么防范、怎么安全、怎么让孩子从小学会安全防范的技能。

　　干什么事情都要有防范的意识，好的防范是平安，平安就是美丽，平安就是长寿，平安就是财富，平安就是智慧。今天是周末，很多家长都带着孩子去学外语学钢琴，说这是最大的智慧。但是还有比这个更重要的，就是平安的智慧。最漂亮的女孩子是平安的女孩子，最长寿的老年人是平安的老年人。平安才能漂亮，平安才能长寿。小朋友们要知道最大的智慧是平安。

每个人都要有一个防身器

　　大家到饭店吃饭都有菜单，我今天也给大家拉个"菜单"，就是现在屏幕上的这些东西，第一是"男人只带一百元"；第二是"家里有三不搁"；第三是背心裤衩覆盖的地方不许别人摸。今天你用上午一两个小时听王大伟讲这样一节课，保证你有用，因为人的一生中所有人都要至少被三次犯罪侵害，听完课后你就不会被犯罪侵害，你用一两个小时能够使终身不受犯罪侵害。"给小偷一个不偷你的理由"，小偷偷你是因为你给了他一个偷你的理由；"女孩子要有个防身器"。我现在做个统计，在座所有的同志中有防身器的请举手，不会一个人都没有吧？还是大家不好意思举手？每个人都要有一个防身器。

今天我送给大家四个字："寻安善处"。这是一生我们都会受益无穷的一句话。我们一生有三次会遇到危险，遇到危险时要教给孩子这四个字。这四个字的意思就是先要自己平安，然后再善于处理这个问题。有个真实的故事，夏天很热，一个28岁的妈妈带着2岁的女儿在家里睡觉，贼进家门了，妈妈很恐惧，贼是先劫财再劫色。贼一把把她的女儿搂在怀里掐住她女儿的脖子说，"你答应我的要求，我就不把你女儿掐死。如果你不答应，我就把你女儿掐死"。如果我们遇到这样的事情应该怎么办？妈妈为了保全女儿的生命，答应了犯罪分子的要求，结果保住了女儿的生命，但犯罪分子的阴谋得逞了。这个妈妈做得对还不是对呢？如果100分是满分的话，我们给这个妈妈打多少分呢？有人说70分，有人说80分，这件事在网上炒得很厉害，到底妈妈做得对不对呢？有人问我给这个妈妈打多少分，我给她打60分，"寻安善处"，保住平安保住自己的命这样就及格了，还有40分丢了，怎么丢的呢？她没有和犯罪分子斗智斗勇，不让犯罪分子的阴谋得逞就会得100分。

每个女孩子都要有一个防身器。这是三五千年以前老祖宗的防身器，是内蒙古赤峰出土的鄂尔多斯防身器，是干什么用的呢？这有个眼，每个女孩子在腰里拴着，遇到色狼给他一刀，三五千年以前的女孩子就有这种防身器，为什么现在没有呢？女孩子应该有防身的东西。这个是一个扇囊，女孩子上街的时候拿这么一个扇囊，一遇到犯罪分子拿出来是个扇子，是为了给犯罪分子扇扇风吗？大家看其实里面是一把刀，这个东西有个专门的名字叫"笑里藏刀"，外面看就是一把扇子，但其实是一个防身的用具；

每个人都要有一个防身用具，大家看我拿的这个是什么？遇到色狼或者家里进了贼，这是个刺刀，是防身用的；过去的老百姓有很多防范的技能，现在我们把这些东西都忘了。这个是什么？是双截棍，这个东西这么短，是专门给女孩子设计的，一遇到色狼打在他脑袋上，一下就死，不用第二下，因为前面是铁的，一打脑袋骨头就被打碎了；这是鞭子，我到新疆讲课的时候他们拿这个东西，一百元钱，我问他这东西是干什么用的呢？卖鞭子的少数民族的同志拿出鞭子里藏的刀。我们看古代人有这么多防范的技能。

　　在座的小朋友、女孩子，管制刀具现在能用吗？拿着都犯法。这还不重要，你看到犯罪分子拿出刀，你还没杀他，犯罪分子就抢过刀把你杀了，这是杀伤的东西，不能用。

　　每个女孩都要有个防身器，怎么办呢？我这儿有，这是一个手电筒，前面有一个小眼，比一个鸭蛋还小一半，晚上出去走路可以放在兜里。底下的这个环是干什么用的呢？遇到色狼一拽开就会乱叫，尖叫报警，钥匙在这儿，把它合上，就不响了。一见到犯罪分子，把它一拽，色狼要先把它按住，120伏电，一拽色狼就会先扑它而不再扑你，这招叫"金蝉脱壳"。

　　全世界的女孩都有防身器，只是中国的女孩没有。每个人都要有个防身器，我母亲78岁，我给我妈妈一个，我妈妈特别高兴，我问她有什么用，我妈妈说老两口每天一人睡一个屋，早晨起来要突然病了喊老头听不见就一拽。这件东西同样可以孝敬老同志。老人洗澡的时候非常危险，很多老人死亡原因是洗澡的时候地上滑摔死了，我一个同学的父亲是司令员，洗澡的时候脑袋摔在地上，怎么叫警卫员，仅一门之隔的警卫员都没有听到，如果有这个东西警卫员就会听到了。全世界有各种各样的防身器。

女性防侵犯

还要教每个女孩子一招，如果你遇到色狼怎么办？女孩子在街上走，后面有一个人尾随你怎么办？我在英国念书时学会的招，前面是女孩子走，后面有一个人尾随，女孩子要走到马路对面去，如果你走到马路对面，后面那个人又跟着你走到马路对面去，你再走回来，如果他再跟着你再走回来，那么你就撒丫子逃命吧。因为你后面的人可能不是坏人，人家只是走自己的路，所以你要走到马路对面试他一下，如果他跟你走过去，说明他是坏人。

教大家一点平安的小窍门，"警察给你护身符，身体健康像老虎"，现在上学的孩子36%被偷过、被抢过，100个孩子中有40个被偷过抢过，还有被性侵害的小孩，做父母最重要的是保护好孩子的安全。怎么保护好孩子的安全呢？四句话：五蝠捧寿、关键自救和自护。五只蝙蝠中间是个寿字，教给孩子五蝠捧寿，孩子成为一个好孩子。五只蝙蝠第一只是以人为本、自救自护，孩子平安是靠警察还是靠爷爷奶奶？孩子的平安靠自己；第二只蝙蝠是时间，要知道什么时候多什么犯罪，这有个歌谣，"平平安安三月三，夏天多发强奸案"。现在什么案件多呢？天气开始冷了，是抢劫、盗窃的高峰期。在整个犯罪分子里外来人口占60%以上，外来人口中混杂着犯罪分子，快过年了，他们在临走的时候要捞一笔。现在都穿厚衣服，要偷你的东西很容易，还不容易被发现。北方二月气温最低，性侵害案件最少，什么时候最多？八月份气温最高的时候性侵害案件最多。女孩子穿的衣服薄、露、透，这个时候性侵害最多。一天中前半夜最危险，叫黑色时间段，白天安全吗？也不安全，什么时候最安全？后半夜。犯罪分子也要睡觉，后半夜犯罪最少。

后半夜虽然犯罪最少，但后半夜的恶性案件最多，像入室抢劫、杀人；第三只蝙蝠是空间，在座的爷爷奶奶爸爸妈妈把孩子送到学校是否就安全了呢？上学、放学的路上是不安全的，犯罪不都是在荒郊野外、青纱帐里，犯罪很可能就在上学、放学的路上，可能是学校旁边的游戏机厅、小卖部，当父母的要提高警惕；第四只蝙蝠是氛围，女高中生到男同学家去写作业，男同学的爸爸妈妈不在家，男同学放上很温馨的音乐，这是个封闭的环境。小男孩小女孩心里都很高兴，开始写作业，写到半个小时，女孩站起来，男孩说你要干什么，女孩说我要走，男孩说干吗要走不正写得好吗，女孩说"王大伟说了，男女同处一室不要超过三十分钟"。这是个小诀窍，你和异性在一个很好的环境很好的氛围之中，到了30分钟要走，不走可能会出很多意想不到的事情。

上了公共汽车以后，被流氓骚扰怎么办？男友身边高声喊，三两友高声喊，旁有军警高声喊，该出手时就出手，抽他一个嘴巴说"流氓"。

有几种情况不能喊，天晚人少不能喊，孤独无助不能喊，要和犯罪分子斗智斗勇。八月甚防性侵害，晚上出去上班不要戴金项链，不要花枝招展。犯罪分子往往是先劫财后劫色。女孩子要戴手机戴防身器，不戴随身听。

我想给大家讲一个真实的案例。有一个北京名牌大学的女孩子，晚上出去时坐出租汽车，出租汽车司机对她实施了性侵害，这个女孩子是学校的团支部书记，她被侵害之后说了一句话，把她自己的生命给断送了，她说"我记住你长什么样了，我一定要报警"。犯罪分子一刀把她杀了。公安机关抓获犯罪分子审讯的时候，这个犯罪分子共性侵害了17个人，前面16个女孩子都没有死，就是这个名牌大学的团支部书记没有防范意识，把自己的性命断送了。

防偷

　　我们再往下说，人一生会受到三次犯罪侵害，每个人都少不了，但是两次是小偷。今天和大家说说怎么认识小偷，有这样一个歌谣："贼眼左右乱看，手拿报纸雨伞，男的衣着平凡，女的花枝招展。"在公共汽车上如果有人眼睛乱转，要么是小偷要么是便衣警察。上车以后先看看眼睛滴溜乱转的，防着点他们。小偷还爱拿着报纸雨伞遮挡，用这个东西吸引你。男小偷穿得灰头土脸的像农民工，不想你过度注意他。一个女孩子穿得很鲜艳也不上车，总在车门乱转，很可能就是小偷。我认识一个62岁的贼王，在监狱里服刑32年，他是全国贼王比赛第一名。我问他练不练拿手夹肥皂，他说那是小毛贼练的他不练，我问他一生能展示他技术的是什么，他说是一次当着派出所所长的面雇了一个搬家公司把派出所的保险柜给扛出来了，因为弄这个在监狱里蹲了很多年。如果你出差住大宾馆，看到一个女孩子穿得非常漂亮，坐在五星级饭店的大堂里，拿着一本英文杂志，那么要小心了。大的贼王都要雇一个非常漂亮的女孩子做助手，因为很多男同志看到这么漂亮的女孩子防范就降低了。

　　我有一次做一个节目，一个老太太说她我儿子在北京她去看儿子，在棉裤里缝了1万元钱，一上车就用左手右手按着，还总用眼睛看着，结果到北京一看钱还是丢了，都不知道是怎么被偷的。

　　你在坐火车的时候，突然旁边两口了打架了，或者突然你脚底下掉了一百元钱，或者突然旁边着火了，你不要动，这是旁边的小偷要动手了，他要分散你的注意力。家里如何防盗呢？犯罪团伙有"贼经"，如果要偷先到一家看看电表水表转不转，还要看看物业打分排名；第三是破窗理论，每天回家一定要把自己的窗户擦干净，小偷来偷东西，谁家的窗户脏他就偷谁家，说明没有人或者疏于防范。

我们出外的时候少带钱，"不带今天不用钱，男人只带一百元"，我们去饭店总会看到这样一句标语"民警同志提醒您：注意钱财"，这句话好，但没有操作性。今天花多少钱带多少钱，不花钱只带一百元钱备用。小偷怎么偷呢？显弱露富，我们被小偷偷都是显弱露富。我住在北京长安商场的旁边，一天去长安商场，看很多人围着一脸苦相的女孩子，原来是小两口到北京旅行结婚，带了3万元钱想在北京都花光，临走的时候买完火车票，还剩5000元钱，小伙说咱们说好了一分钱不往家带，给你买个项链吧，两个人就去长安商场金柜买金项链，女子在离小伙一米二远的地方。贼一看两个人穿的衣服就知道是外地人，男的手里拿着五千元钱，后面传来一个娇滴滴的声音，说"把钱给我"，男的头都没回就把钱给她了。过了一会儿女子问小伙"这个项链怎么样"，小伙说，"我刚才不是把钱给你了吗？"小两口到北京旅行结婚，临走的时候非常难受，又哭不出来。所以告诉大家"男人只带一百元，不带今天不用钱"。

家里有"三不搁"，有三种东西不能搁，一个是刀，一个是保险箱，一个是字画。刀是凶器，我当了一辈子警察，我刚当警察的时候，老警察就和我说"刀是凶器，可别玩刀"。家里挂刀避邪也是错的，上海一个24层的楼，一个女的和小保姆一起住，敲门进来一个贼，女的给贼1万元钱，跪着求贼别杀她，小偷一手拿着一万元钱一手拿着刀，一刀扎在女的大腿上，女的流了点血就躺在地上了，贼扬长而去，贼走到门口时，眼看就出去了，这个女人的命就要保住了，这时电话铃响了，贼很猖狂，掉头回来接电话，看见女的家里挂着一把大藏刀，亮出来一看确实是把好刀，但在哪儿试试刀呀，小偷看见女同志躺在地上，过去就是两刀。有很多老同志早晨外出练剑，回来习惯把剑放在最显眼的地方，这是不对的。家里特别是客厅里千万不能搁小的保险柜。现在家里都有钱了，客厅里一定不能搁名人字画，不能搁值钱的东西，到你家的人看到会惦记。

很多同志坐火车，怎么坐火车？教大家一招，"上火车要低调，金表名牌尽量少，聊天谈话少涉及，面对美女不心跳。不喝别人的饮料，起身回来茶倒掉"。我们单位一个女同志去张家界玩，特意烫了头发，戴上所有的金首饰，问我怎么样，我说坐火车要弄得灰头土脸不要花枝招展。我有一次坐火车去石家庄，全身加在一起不到50元钱，我一上火车就过来两个男同志和我聊天，还有一个给我倒水，我18岁当警察，一看就知道他们是贼，但我全身才50多元钱，他们怎么会惦记我呢？问题就出在我的表上了，这是块劳力士，要三十多万元，但我这块是假的，可人家不辨真假呀。上火车不能打手机，飞机、火车一到站，所有人都把手机拿出来打电话"大哥，我是小弟，我第一次到北京，你一定要来接我"，所有的信息都让别人知道了，你大哥不来接你别人该来接你了。北京和济南中间有一条铁路，一个老同志坐在软卧里，拿着一个塑料编织袋，两个男同志拿出两瓶"椰风挡不住"的易拉罐递给老大爷，老大爷看易拉罐是封闭的就喝了，两个男同志一看他喝就说"倒也倒也"，老头一倒，两个男同志打开塑料编织袋一看吓了一跳，里面装着157万元现金，两个人把157万元拿走了。这是麻醉抢劫（如果是女孩子还有可能受到麻醉性侵害）。老头醒后报案，根据老头的描述把两个男的像画出来贴在火车站，但没有人认识他们。我的朋友想火车站没有人认识贴在监狱里可能会有人认识，就把两张画贴在监狱里，一些犯人就说"报告政府，我要立功，我认识他"，两个人就被抓住了。

现在教女孩子一个背包的方法，大家要养成一个拿包的好习惯，一伸手这么拿对不对？这样拿从后面一把就抢过去了。现在"两抢"中的一个是抢夺，有一个歌谣："女士包背里肩，一只手护腰间，分装钥匙和名片，生命第一记心间。"冲马路的一边是外肩，冲人行道的一边是里肩。"分装钥匙和名片"，贼一把抢走包，名片钥匙放在一起，贼还知道你在哪工作还有你家钥匙。要教孩子生命的意义，上学的时候坏人把书包抢走了，爸爸妈妈不会生气，因为爸爸妈妈知道孩子的生命比书包要重要，生命第一财产第二。

怎么保护孩子的安全？

我有一次做节目，旁边是一个20多岁的女同志，奶奶领着她两岁的女儿上山采桑椹，一回头孩子没有了，做节目时孩子已经丢了一年零三个月，每天晚上奶奶抱着孩子的小棉袄睡觉，一到十二点钟就起来到外面转一圈找孩子。

孩子的安全是最重要的，"清晨太阳升在东，晚上会认北斗星，街道门牌要记清，会认东南西北中"，三岁以上的孩子要让他知道东西南北，白天看太阳晚上看星星，让他知道北斗七星是什么样子的，三岁的孩子要记住家里的门牌号、大人的手机号。

我的孩子三岁的时候，我正学外语，领他到一个公园里，我当时想学外语出国，就让孩子五分钟跑一圈后向我报告，他每跑一圈就回来向我报告，第三圈时孩子忘了，跑得没影了。这是个公园，四面都是马路，这时应该怎么办？三岁的孩子在公园里没有了怎么办？这时候我怎么办呢？公园旁边有个大学，我赶快上大学里让给广播，广播的时候也有学问，广播的时候要说孩子的特征。广播后20分钟还是没有动静，我找了十个大学生两个人一组东西南北去追，这叫十人四追法，爸爸妈妈留在原地不动。（有一个女同志的孩子在超市里丢了，这个女同志站着不动，让另一个阿姨去追，这个阿姨追出五百米，正看见坏人抱着孩子，就把孩子抢回来了。在外面丢了孩子，99%以上不是坏人拐走而是走丢了，但是万一有1%是坏人呢？孩子的爸爸赶快找车去当地的火车站汽车站，30%能追回来。）又过了20多分钟，我的儿子仍没有找到，我给我爱人打电话，这个时候害怕了，想到了二三十年后的事情，到公安机关报案，到派出所登记，我一登记心里就凉了，那天晚上已经丢了六个了，我儿子是第七个，所以重要的是自警自救自助。养成孩子好的习惯，教给女孩子防范的技能，比什么都重要。我们回家到家门口也没有看到孩子，到家坐好儿子敲门回来了，三岁的儿子转了一圈找不到爸爸，拔腿往家跑，三里路能自己找回来，到了家门口一敲门爸爸妈妈都不在家就哭了，邻居听到就接回家喝牛奶吃饼干。防孩子丢，爸爸妈妈要教孩子，要让孩子知道他遇到危险的时候应该怎么办。

大家看我这有一个平安大礼包，教孩子各种各样防范的技能。这里面有一张卡片，这张卡片五毛钱就能做出来，今年春节一个澳大利亚的警察请我吃饭，吃饭的时候给我这样一张卡片，我马上做了几万张免费给孩子。卡片上面写的是姓名、出生年月日、性别、血型，你知道孩子什么血型的话写在上面，还有十指指纹，十个圆圈把孩子的指纹按上，贴一张孩子的彩色照片，照片要一年一换，还要写上孩子明确的生理特征，比如虎牙、疤、痣，写上手机和座机电话，揪下孩子两根带发根的头发放在塑料袋里。这样的卡片做两张，自己一张，给老师一张，这是18岁以前的身份证。孩子在街上、学校里出了事，老师给家里打电话，往往只有手机没有座机，孩子急需输血找不到爸爸妈妈怎么办，十指指纹把孩子所有信息都保存了，头发是孩子的DNA，这是很好的一个防患于未然的办法，防孩子走失。

　　路上遇到大坏蛋，记住特征告家长；小孩走着走着，遇到有人掉冰河里或遇到危险怎么办，告诉孩子他没有本事去救，记住特征赶快告诉家长，他不能自己去救；大家要是领孩子到大的商店玩的时候给孩子穿一件新鲜的衣服，容易找到他。孩子丢了的时候，要和孩子说找不到爸爸妈妈不要蹲着坐着要站着或者往高的地方站一站。

　　北京有个案件叫"流星雨事件"，很多年以前下流星雨，有个女孩领着弟弟出去看流星雨，来了个人穿着保安制服问他们有身份证吗，他们说没有，这人让弟弟回家拿身份证，领着女孩走过三个街道，打了一辆车到一个公园里把女孩先奸后杀。现在的教育怎么了？你的孩子是个很好的孩子，但怎么遇到坏人什么都不行呢？欺负一只小狗它还咬你，欺负小鸡它还啄你，为什么孩子什么都不行？我们的教育，要"小老虎会嘶咬，小山羊敢顶角"。

　　有句话是"不和陌生人说话"，这是我1991年从英国引进来的，英国的警察在巡逻时会带一些小玩具，看见小孩子就摸摸他们的脑袋给他们一个小玩具，玩具上就写着"不和陌生人说话"。劫持、绑架很多都是和陌生人说话。很多人不理解，说五讲四美三热爱，怎么能让孩子不理别人呢？所以要教孩子礼貌地说不，在街上碰到陌生人问小朋友你叫什么呀？小朋友可以回答："对不起，我不能告诉你。"

中老年人防骗

　　最后和大家说说中老年人防骗，街头的骗子真不少。现在北京有多少骗子呢？主要有十类诈骗案，这些诈骗案电视上都演过。现在每天我还会遇到老头老太太来找我说又被骗了，我说这些骗局电

163

孩子平安教育：如何进行自我防范

视上不都演过吗，老头老太太说没用，这些人现在都用蒙汗药。公安机关一调查，没有一起用蒙汗药的。都是痴心，痴心有花痴、钱痴、名痴，女孩子都是花痴想嫁个好老公，一般的同志都是钱痴，我是名痴，来讲课想出名。

我经常收到我被评为21世纪名人的信，准备在泰山上给我立碑，1000元钱一米，问我想立几米？

一个人叫托，两个人叫双簧，三个人叫局。我一辈子教别人防骗，我也被别人骗过。

我去潘家园，一个老太太蹲在地上，篓子里放着个明朝大花瓶，一个慈眉善目的老头走过来，轻轻拽一把我的袖子说"千万别买呀，假的"，第二句话又说"虽然是假的，也是民国仿的，也值一万多元钱"。我问老太太多少钱，老太太说1500元钱。这时过来第二个人是个局级干部，用手机（当时手机还很少）给司机打电话让司机开车过来拿1300元，司机过来把钱给他，干部拿出钱扔到老太太身边，老太太说1500元钱一分钱都不能少。干部走了，一个小伙子骑摩托车来了，说是开古董店的，小伙子拿出1300元新票问够不够，老太太说1500元钱不能少。五个人演这一个局，我100%信，我身上有1500元钱，我掏出钱来就要买，可我是教别人防骗的，我还有一个杀手锏，就是这几句话："不决断，晚交钱，睡一觉，过一天，再找亲人谈一谈。"我不着急，我就再往前走走，往前走一看明朝万历年间的花瓶100多个，有个小姑娘问我是不是遇到哥儿五个了，说他们是空手套白狼，每天早晨到她那借个花瓶，卖出去给她一百元钱，卖不出去就把花瓶给她。

现在有句话是"人不理财财不理你"，不懂的不做，昨天我和徐滔到一个老太太家，老两口每个月3000元工资，花了32万元买了亿霖木业，亿霖许一年68%回报的愿，老两口中计了。中老年人做大的决定的时候，要找儿女谈一谈。

今天我们用了一个多小时的时间，给大家介绍了家庭防范教子女平安的小招数。大家听了也不要害怕，是不是我们周围有这么多犯罪呢？中国的治安是比较好的，所以不要害怕。但学会这些小知识，一生就不会被侵害。

最后祝好人一生平安。谢谢大家。

（现场问答）

问：报警器在哪儿可以买到？

王大伟：门口就有，30元钱一个。

问：如果在学校里遇到学生抢劫的事情怎么办？

王大伟：斗智斗勇，不要正面冲突，记住特征告家长。36%的孩子被抢过，自己出门的时候别穿太显眼的衣服，被抢后告诉老师和家长。

问：如果别人不知道报警器的声音怎么办？

王大伟：报警器一拽开有100分贝，晚上大概1里路远的地方都能听到。对犯罪分子也是个阻吓，他自己心虚。拽开后即使别人不知道是什么，也会往这边看，很多人往你这边看，基本上命就保住了。

问：用警棍防身可以吗？

王大伟：警棍、催泪瓦斯不行，警棍前面带电，是杀伤性的，犯罪分子抢过去会把你电到。最好是有个报警装置。

陶宏开

美籍华人，华中师范大学特聘教授，积极倡导整体素质教育，提出加强家庭、社会、学校和自我教育，是素质教育的践行者。

把电脑与网络当成工具而不是玩具

◇ 陶宏开

（现场对话一）

小听众（大约十岁）：上网可以玩游戏，我玩过网络游戏，开始上网我主要就是玩游戏，但现在不玩了，现在我上网给爸爸发Email。

陶宏开：你为什么玩游戏呢？

小听众：玩游戏不寂寞。

陶宏开：玩电脑游戏可以给你带来朋友吗？

小听众：不可以。

陶宏开：你在现实生活中有朋友吗？

小听众：在学校里有朋友，但在家里总是一个人。

陶宏开：你可以和父母做朋友吗？

小听众：No。

陶宏开：父母可以成为你的朋友吗？

小听众：有可能。

陶宏开：父母曾经成为你的朋友吗？

小听众：我爸爸妈妈和我的关系非常好。

陶宏开：父母能做朋友吗？

小听众：有可能。

陶宏开：你为此努力了吗？

小听众：No。

陶宏开：在现实生活中找朋友最好，因为网络中的朋友是虚拟的，你并不真的认识他们，他们可能会给你带来失望、痛苦甚至伤害，希望大家能通过网络搜索信息，将网络当成工具而不是玩具。

我在去美国之前在中国没有接触过电脑，1984年我到美国后发现美国人都是通过电脑工作或学习，我放下研究再做学生，主修电脑。

我是2002年从美国退休回到中国的。我在美国生活的18年中没有见过网瘾孩子，没有孩子迷恋网络游戏。美国小朋友玩的网络游戏都是健康的，小朋友玩的一个游戏，一个拍子有九个位子，通过脚踩，音乐从慢到快，根据节奏去踩，小朋友玩得满头大汗，两只手交叉做方向，肢体因此变得灵活。我在中国没有看到过这种游戏，中国孩子玩的网络游戏都是打打杀杀、色情暴力的。我在美国生活的18年从来没有见过网吧，而中国遍地是网吧。我今年回美国时在美国看到了网吧，网吧是在唐人街，应当是大陆人把网吧"出口"到了美国。里面全是中国孩子。

（现场对话二。请两位学生、两位成年人听众上台对话）

陶宏开：非常感谢听众朋友们上台和我沟通。请问你多大年纪？

听众：我今年16岁。我觉得我在网络方面存在很多问题，所以今天来听您的讲课。我不反感您的讲课，我觉得您讲得非常对。现在网络对孩子有一些负面影响。我大概是在13、14岁的时候接触网络，我接触网络就是因为游戏。

陶宏开：网络游戏并不是孩子的错，而是没有正确引导孩子，网络本身没有罪，它是工具。你接触网络的目的开始就是游戏吗？

听众：有些是，有些不是。

陶宏开：你感觉到自己接触不好的东西了吗？

听众：初二的时候我特别迷恋网络游戏，成绩下滑。

陶宏开：（向16岁小听众的父亲）你是什么时间知道你儿子上网的？

听众：时间很久了。儿子在网络上会的比我多。

陶宏开：80%以上的家庭都是孩子先懂网络，家长没有懂得一开始自己学会上网，引导孩子正确上网。**美国孩子是看着父母用电脑学习、工作长大的，他们的第一印象是电脑是一种工具。**中国孩子接触电脑比父母多、比父母早，网吧里面有90%都是网络游戏，是吗？给孩子的印象是网络就是玩的。

听众：开始我也有孩子学习电脑是好事的感觉，通过游戏可以让孩子对电脑感兴趣，后来发现孩子有沉迷网络的倾向。

陶宏开：很多家长先让孩子去玩网络游戏，然后学习电脑，这是错误的切入点。前几天一个大媒体的记者采访我时，说他的女儿四岁半就有网瘾了，因为记者天天打文章，抱着孩子让孩子玩电脑游戏。很多父母把电脑当做玩具介绍给孩子，这位父亲也希望通过电脑游戏引起孩子对电脑的兴趣，但游戏导致孩子学习成绩急剧下降。

陶宏开：（对16岁的小听众）你有什么感觉？

听众：我感觉我父亲在帮我戒除网瘾的方面做得是非常好的。

陶宏开：你有什么改进的方法吗？

听众：我现在上网主要是查资料和卷子，网络很高效，我现在读高一，成绩在中上等。

陶宏开：孩子应该有很好的前途，如果你真的觉得电脑是工具，应当与游戏有一个隔离期，一个人成功与否与自控能力非常相关。你同意吗？

听众：同意，如果自控能力差就会沉迷网络，混淆现实与虚拟。

陶宏开：要培养孩子的思维能力和自控能力，孩子只有会自控，才能成功。第二位小听众多大年纪？

听众：我13岁，我有一点想玩网络游戏，怕会沉迷于网络游戏，怕会发展成为网瘾，我觉得看别人上网成为网瘾不好。我学校旁边有网吧，很多人在网吧内玩通宵。

陶宏开：你能控制自己吗？

听众：能。

陶宏开：今天是你父母强迫你来还是你自己愿意来的？

听众：我愿意来的。

陶宏开：你有什么看法？

听众：我觉得您所说的对我上网有很大帮助。

陶宏开：电脑网络主要是工具，如果放松可以打球、下棋、画画、唱歌，用健康的方式去放松，不要用不健康的方式去放松，网络游戏是越放松越不松。小朋友不要上网成瘾，好吗？

听众：好。

王宝祥

北京教育科学研究院研究员。主要研究方向是中小学班主任工作、教师素质、学校德育和家庭教育。现任教育部全国班主任网络培训领衔专家，中国家庭教育学会常务理事，中国家庭教育学会专家讲师团成员。

发展孩子智力，提高学习成绩

◇ 王宝祥

　　智力与学习是家长普遍关心的问题，今天在座的有很多年轻人，有一些中年的家长还有一些老同志，我想和大家讲讲智力与学习的发展，首先取决于孩子的个性品质。我国有个著名的教授，总结了一个很重要的理论："智力正常，个性成材。"一个人的智力如果正常，不是超高智商，真正决定他能否成材的是他的个性品质、人格品质。

成功人材的四种基本因素

　　"四种基本智能"，是欧洲上世纪末若干个专家研究的结果。我觉得"四种基本智能"这个翻译不太准确，我认为应当是"四个基本因素"。

　　成功人材的四个基本因素是什么呢？

　　1. IQ，即智商，即平时我们所说的聪明度。包括人的注意力、观察力、记忆力、思维力和想象力的综合素质，是成功人材的第一个因素。

　　2. EQ，即情商，情绪商数或者叫情绪智商。

　　其中有五个词最关键：知己、律己、利己、知人、睦人。"知己"是对自己的正确认识，一个人、一个孩子他对自己有无正确的认识、正确的评价非常重要；"律己"是要求自己严格不严格；"利己"是是否注意有利于自己发展的因素；"知人"是对别人、对自己以外接触的人的了解、认识；"睦人"是与人和睦相处。

这五个词是情商的关键因素，实际上就是非智力因素。

3．AQ，即逆境商数。

这讲的是人的意志品质，有无毅力、勇气、坚持性，是否能够坚持努力地做一件事，特别是面对困难时，能否面对自己，有勇气克服困难还是容易被困难打倒。

4．CQ，即创造智能。

孩子从小有没有创造性，包括有没有创造意识即想创造、想创新、想做出一番别人做不出来的事情，有没有创造性思维即很敏捷、脑子反应快、能出新点子，有没有创造性的个性品质即理想、志气、责任心等等，没有志气没有理想的人肯定没有创造性，吃饱盼天黑、当一天和尚撞一天钟是不行的。最后还需要有创造技能，创造技能是要学习的，即会不会创造。

从小学开始，只要孩子智力正常，能否成材决定于以上这些个性品质。逆境智商人各不同，特别是创造智商，每个人都有这个问题，包括我在内。今年我66周岁，反聘做教师，我经常在衡量自己，我虽然年龄大，但总是要做一些有创造性的事情，我每天五点钟起床上网搜集材料，每天有时间我就要搜集资料、看书。在座的也有年纪大的同志，来此听课也是想做些事情。人的头脑是用进废退，不用就完了就变傻了。

智力是一种综合水平。现在大家往往看重的是其中一项能力强，比如记忆力好，但记忆力好不能说明整体水平高，注意力、观察力、想象力的综合水平高才是真正的智力好，光记忆力好不行。智力的核心是思维能力，即会不会想问题，能否解决问题，这是智力的核心，比如算术，会解题是非常重要的。

智力发展与知识学习的关系

一个孩子上小学之前，即 7 岁的时候，他的智力已经发展到全部智力的 70% 左右，其他 30% 是在小学、中学甚至大学得到发展的。可是所学的知识上小学以后成倍增加，因此智力发展和知识学习有关联，但智力发展和所学知识不是一回事。

非智力因素包括动机（你想干什么，想不想做）、兴趣（有没有兴趣做这件事）、气质类型、情感、意志品质、性格。这其中最重要的是性格，性格的核心是意志、自控能力，然后才是兴趣。用意志品质保证兴趣的追求和发展，才能沿着理想的方向发展。好多孩子智力不差，处在一种聪明反被聪明误的状态，原因是非智力因素、自控能力不行。你仔细想一想，有责任心、有志气、有好习惯又负责任的孩子往往学习好。但很多家长没有发现这个，只抓学习，这是误区。

在此给大家讲一个简单的故事，有一个教授做了一个实验，在幼儿园的20几个一岁、二岁孩子面前，教授拿着一袋糖，给每一个孩子一块糖，和小朋友们说他给完糖之后要出去办事，回来以后谁的糖没吃就再给他一块。这些孩子会发生什么情况？教授刚走，有的孩子的糖已经进肚子了，有的孩子剥开想吃，但又放下了，而有的孩子根本没动，看别的东西没看糖。这三种孩子反映家长的教育不一样，教授回来之后，没吃糖的孩子又都给了一块糖，并把情况都记录在案。30年之后找到这些孩子，当时把糖马上吃掉的孩子多数没有出息，没吃糖的特别是没剥开的成材率特别高，因为他有自控能力，他年纪小却能控制自己，这是非智力因素。为什么有的孩子当场就把糖吃了？因为这些孩子在家里要什么马上给什么，从未有过延迟满足训练。现在我的小外孙子上小学，从加拿大回来，吃饭、喝东西、要做什么都不是马上满足他，让他等着，训练他在等待过程中控制自己。我的一个朋友说到日本幼儿园去，阿姨盛完饭之后不许吃，全部盛完之后宣布吃才吃，等待的10分钟、8分钟是延迟训练，但我们有的家长做不到。

非智力因素有多重要？20世纪初有一个教授搞了一个大规模的追踪调查，对1500名高智商的孩子追踪30年，发现他们的智力水平没有差别，差别就在非智力因素，成材的是自信、有理想、有坚持性的那些人。清华大学一个系有一个优秀的成绩名列前茅的学生，在人格测验中聪明度是6分，刚刚及格，其他学生的聪明度都是9分、10分，那么为什么他能考上清华大学且是优秀的学生？结论是非智力因素促进智慧和潜能的发展。

在家庭中影响孩子智力发展和学业成绩的主要因素是什么？我讲一个对联，估计是从明朝就传下来的，是"忠厚传家久，诗书济世长"，"忠厚"讲的是一个家庭品格要好，读书才能济世长。你的家庭道德水平如何，知识智力水平如何，这都直接影响孩子，自古以来都是如此。

家庭的智力环境

1. 家长的智力活动。

应当为孩子创造什么条件？家长自身的智力活动水平如何？家长是否爱动脑子？非常关键。一个老师告诉我，一个孩子从小学升到初中，看起来很聪明，数学不错，语文也可以，但作文总有问题，总是写半截话就结束了。我和他研究，说需要研究一下孩子家里的智力环境。我和老师一起到这个学生的家里去，孩子的父母是驻德国的武官和武官夫人，是北京某名牌大学的毕业生，由他奶奶照顾他，条件非常好。我们和他奶奶谈话五分钟，发现奶奶尽说半截话，一句话没说完就打住了，她以为孩子懂了，或者她就是这种表达方式，孩子写半截话是家长的智力活动影响了他的语言。我们想了一个办法解决了这个问题，我和老师说把孩子作文中的半句话都画上，让他把另半句添上，要把话说完整。此外给这个学生一个任务，回家和奶奶说话的时候认真听，听完以后看是否完整，如果不完整和奶奶说，"你的话还差半截，应当说完整。"让他给奶奶当思维语言的老师，两个月以后孩子再写作文时已经不写半截话了，错误的、不良的思维影响已经被纠正了。

家长的智力活动影响孩子，家长的智力活动水平对孩子的智力发展有很大的影响，不要全依靠老师，有的人把孩子交到学校就靠老师，这是不对的。老师有老师的作用，你要配合，家长有家长的作用。智力要靠智力来培养，要做一个爱动脑筋的家长，在和孩子接触生活时要多动脑筋分析问题。有的家长懒得和孩子一起思考问题，这是误区，应当以实际的智力活动影响孩子。和孩子一起，家长爱动脑筋，孩子爱动脑筋，家长脑子懒惰，也很难让孩子聪明起来。

2．家长的求知态度和求知表现。

你是否求知？你现在还读不读书？你现在还学习吗？

求知这件事是不能吃老本的，如果家长渴求知识，有良好的求知表现，孩子就会向家长学习；只要求孩子好好学习，自己不学习，孩子不会愿意听家长的。前不久我在大兴县有个课题组做实验，五位家长都说孩子学习不好，我让每个家长介绍一下是否订报纸、订的是什么报纸？买没买书、买的是什么书？五位家长全没订报纸，半年之内一本书没有买。不订报不买书没有关系，半年之内读了什么书？五位家长什么书都没读。这样的环境，要求孩子好好读书，能有多大的力度？不管你的文化水平如何，你不读书，你要求孩子读书，能读好吗？

有的家长到这种程度，挣钱给孩子都攒着，只说物质条件，不说精神条件。

说到读书，给大家说一个数据，据网上报道，以色列人50%左右上过大学，平均每人每年读48本书，俄罗斯人平均每人每年读28本书，中国人平均每人每年读2.8本书。我想我们的孩子读书的积极性不如以色列人也赶不上俄罗斯，因为家长平均读书量只有2.8本，有的家长是一年也不读一本书。去年有个调查，中国人读书多了，平均3.5本，但还是不行，我们国家老师一年读到10本书的都不多。

各位想想，大人不读书，只要求孩子读书会是什么情况？一个家长对我说他的孩子学习不好，他说家里是三居室，每天孩子关在自己屋子里学习，他们关在自己屋里看电视。这是不对的，孩子看到自己在学习父母在看电视，心理不平衡，他会想父母在看什么节目。我说孩子学习时你也学习，给孩子看电视的时间，那时你也看电视，但你看电视的时间要比孩子少一点，这才是好爸爸好妈妈。

我认识一对父母，妈妈是半文盲，父亲是一个机关的干部，孩子从三年级开始，爸爸说让孩子自己决定每周一至周五看多少电视，可以在电视报上圈两次节目，爸爸只圈了一次节目，爸爸问孩子如果孩子没有做到每周只看两次电视怎么办？孩子说罚一个星期不看电视。孩子学习的时候爸爸也在门厅学习，爸爸在学习的书上画重点、写眉批、记笔记，学20分钟后父子两个人摔跤，孩子看到爸爸学习这么认真，也回去学习。高三时孩子被保送广州华南理工大学，但孩子不去，他说他的理想是上清华大学建筑系，爸爸说研究生时再考清华，但孩子不同意。爸爸问如果考不上怎么办，孩子说如果考不上允许他复读一年，如果再考不上就工作然后再考，一定要考上清华大学。结果孩子真的考上了清华大学。有个"万家灯火"栏目请他们去做节目，儿子星期五回来之后，父亲告诉他这个消息，孩子说不去，说只是上了清华大学没有什么好骄傲的，离自己的理想差远了。爸爸劝了半天儿子才同意去做节目，还警告爸爸：下不为例，以后不要随便答应，考上清华大学没有什么了不起。所以家长的求知态度、求知表现很重要。

3. 家庭书架。

你家里有没有书架、书柜？按照道理说，这个社会中，家庭中一定要有书柜，有每个人读的书，养成交流读书心得的习惯，对孩子非常有好处。我到一个小学生的家里去，就他奶奶和他在，70岁的奶奶在听收音机学日语，孙子在里屋专心自己学习，妈妈上夜校，爸爸出差。他家有两个书架，父亲母亲的书放在一起，奶奶有半架书。

有的人家没有书架，只有美女俊男的画报，孩子会怎么样？

4. 相对固定的学习时间、学习空间、学习环境。

人都有生物钟，在固定的时间、空间学习，容易进入状态。

以上四点是家庭的智力环境，各位家长可以比照一下，自己做到了哪条，要不要改变一下。

家庭的人际环境

人际环境影响孩子的学业，良好的人际环境是孩子学习的重要条件，良好即"和谐"，家里不和谐，老打架吵嘴闹离婚闹财产分割，孩子学习不好。有个家庭两口子老吵架，他说和儿子说清楚了，他和他妈妈吵他们的，儿子学他的。这是多么幼稚啊，孩子能不受影响吗？

如果家庭不和睦，经常吵架，孩子缺少安全感、烦躁，严重影响学习，小时害怕，大时厌烦，再大时怨恨。尤其是父母要闹离婚的环境。北京崇文区一个母亲找到我说要离婚，离婚后没有告诉孩子，但是孩子有感觉，问妈妈后妈妈告诉了他，孩子说："妈妈，既然这样你生我干什么？"这已经到了怨恨的地步。

还有家长，两口子冷战，儿子给妈妈写了一封信，说他想离开这个家，如果妈妈还想要孩子就再抱一个吧，他要走了。父亲母亲总是冷战，让孩子如何在家里待着？

如果没有大的矛盾不要打不要吵，为了孩子为了自己，互相宽容。现在离婚率很高，对下一代影响非常大。人际关系的问题在家里面非常重要，因此要做到家庭人际关系调整，看看矛盾出在哪，首先是夫妻关系，然后是和孩子的关系，和祖辈和亲友的关系，要处在和谐的氛围中。有的人是在外面横不起来回家特别横，叫"耗子扛枪窝里横"，建议以后哪里都不要横，有理走遍天下，横解决不了问题，要调整人际关系要和谐要宽容，要坐下来谈。

孩子父母之间的关系是家庭人际关系的关键，夫妻关系是人际关系的关键。

家长对孩子学习指导

如何指导、指导什么？很多家长有误区，不知道该如何去做。

指导孩子学习，关注的重点放在哪？不要只关注结果、分数，重点应放在学习态度、学习过程、学习方法和学习习惯上。不能简单看分数，不能上次考80分这次考75分就批评孩子。老师出题有比率，叫4∶3∶3，即40%最基础的，30%属于基础里偏难的，30%属于难的要拉开距离的。如果出题比例变为3∶3∶4，平均会下来10分。如果变为3∶2∶5，结果又是什么？所以不能拿分说事，何况还有身体状况、有无压力、学习状况的因素。

要加强指导的针对性。你能指导就和老师联系，学习有三个层次：基础知识、基本概念、基本技能。看哪个层次上问题明显，是基础不好，还是基本技能不好，还是综合能力不好，可以和老师交流让老师帮助解决。指导要有针对性，不能简单化。开完家长会，家长往往对孩子说"语文要吃劲、数学要加油"，要有分析地指导，你都不清楚如何加油，孩子知道怎么加油吗？

要看看你们家孩子多智能里哪是优势哪是劣势。多智能包括8种智能：数学逻辑智能、语言智能、空间形象智能、音乐智能、运动动作智能、人际沟通智能、反省反思智能、自然观察智能。一个孩子内在的素质会反映在这8个方面，你看看你家孩子这8个方面的优势在哪、不足在哪，这非常重要。

比如音乐智能，最核心的问题是音准的问题，听得准再反映出来，练乐器时动作智能好，如果孩子这方面不行，不要拼命练钢琴。我多次去美国，美国有个机构，半个小时出来后会告诉你孩子音乐智能如何；每个人的智能优势不同，应当扬长补短。如果运动动作智能不好，跑步就慢，现在孩子上体育课跑步时什么姿势的都有，只有几个孩子按照老师要求跑步，他们就是运动动作智能好的。

我住的是高教小学宿舍，有一个音乐艺术幼儿园，学钢琴，本院小孩每年收费两万元，外面的小孩每年收费三万元，我的小外孙就在那学习，有一天他对我说能不能当小狗，因为他不愿意上幼儿园不愿意上钢琴课。我找他的钢琴老师谈，让他多鼓励孩子，过了两个星期，孩子对钢琴产生了兴趣，这和老师的教育有关系。现在上小学之后给我的小外孙又报了一个班，我说愿意学就学不愿意学就不学。现在课后班太多了，有人赚钱，学校拿点提成，我问小外孙报什么班，他说什么都不报，因为耽误玩，我给他选择了一个从澳大利亚引进的实验科学小实验。好多课后班特别蒙人，学了半天英语还不会对话。奥林匹克数学拔尖的能拔几个？真有兴趣也可以，没有兴趣的话不如不学。扬长补短，且要适可而止。家长不明白，以为自己五音不全，就得让孩子学钢琴，投资太高了，还不一定有效果，真正能成为钢琴家的有几个，更多的不过是培养一下素养罢了。每个孩子有每个孩子的优长之处，将来发展优长之处对他来说至关重要，你要善于发现。

不研究孩子，就在自己脑子里想跟上人家的孩子，完全是误区。

家长与学校的主动配合

1．要主动校访，不要等着家访，主动和班主任老师沟通，要讨论问题而不是告状，最好让孩子参加。研究孩子的优点缺点，讨论如何解决，不能告状。

2．家长与老师要多种方法联系。现在沟通的方法有很多，电话、信函、短信、Email，家长多去参加班级活动，多和老师联系。

3．积极参加学校的学习。

高度重视学习习惯的培养

1．孩子最主要有四个方面的习惯：生活习惯、劳动习惯、文明礼貌习惯、学习习惯。你这四方面的习惯如何？

学习习惯有几个需要注意的方面。

专时专用，讲求学习效率的习惯。专时专用，不磨蹭，效率才会高。有的家长不注意这个，小学一年级的孩子集中精力完成作业一次大约只有15分钟，到四年级时30分钟，五六年级时40分钟，初中、高中一个小时。如果孩子能集中15分钟，你非让他集中30分钟，那么剩下的15分钟就在磨蹭。曾经有人做过实验，给一年级的每个孩子发张纸写汉语单词，前5分钟鸦雀无声，第6分钟两个人动，10分钟五六个孩子动，20分钟天下大乱。过了一个星期再实

发展孩子智力，提高学习成绩

验，还是这样，第6分钟开始动的还是上周动的那两个孩子，第10分钟五六个动的孩子也和上一周一样。所以说有的孩子自控能力就是5分钟，有的孩子是10分钟。不要和别人家的孩子横着比，你要观察你家的孩子能控制多长时间，如果他只注意5分钟，你非让他注意20分钟，那么你就是培养他15分钟的磨蹭。不要和别人家的孩子比，那是别人家的孩子。

2．独立学习，现在很多孩子依靠家长，但家长应该只启发不告诉答案，学习是孩子自己的事情。还有的孩子打电话问同学答案。现在学生学习不是学会，而应当会学，会学就需要独立学习，"未来的文盲不是不识字的人，而是不会学习的人"。很重要的是要学会学习。

3．按计划学习。计划在每天的课后、双休日和寒暑假，和孩子一起商量让孩子自己订，要留有余地，不要满打满灌，要坚持。

4．科学用脑。包括学习时间劳逸结合、各种学科交叉。

5．使用工具。现在的工具主要有词典、字典、数学用表、物理化学基本公式等等，现在从小学就开始有电脑，我有个建议，家长还是要给孩子预备电脑，家长要学会使用电脑，家长要会上网，要通过电脑学习，才能很好调控孩子用电脑。孩子形成网瘾和家长有关系，家长要学会通过网络做一些学习的事情，才能控制孩子。一个班主任老师，他学生的QQ、电子邮件他都知道，班级有个博客，有一天上学后指着某个学生说"你昨天上网超过两个小时了"，孩子想他怎么知道的，班主任老师说"你想想我能不能知道"，这个孩子上网留言说："咱们的班主任会隐身法，大家上网时间不要超时。"

这是信息时代，为什么有的孩子和家长有矛盾，是家长和孩子之间信息和信息能力反差太大。如果家长有信息能力，孩子不容易出现没完没了玩游戏的。有一个家长说儿子上网，丈夫把键盘砸了，我说她应先批评丈夫凭什么砸键盘，什么都不会还要管，等于傻子管聪明人，你先学呀。

有的家长没有条件不勉强，有些文化的还是要学习。如果在座的各位还有人不会电脑，有小学以上文化，赶紧学电脑，不然不能教育孩子。现在幼儿园的孩子都在电脑上作画，我教我的小孙子上网给他在加拿大的妈妈发邮件。

课外阅读最重要的是控制时间和选择书。选择什么书，要和老师沟通，必要时要请教专家，现在的书什么内容都有。孩子读书，你也要读，甚至要先读，才有对话的权利。孩子读的书，你根本不读，如何与孩子交流？你应当先读，看自己受到什么启发。

家长只提供资金、物质支持而自己不深入进去是不行的，不深入虎穴焉得虎子，这是最简单的道理了，不深入学习境界怎么指导别人学习。如果我自己家庭教育不成功、我自己不学习，我坐在这给你讲家庭教育，你听吗？现在社会上一些讲课是蒙人，剑桥英语，有几个老师懂剑桥英语是怎么回事？教奥数的，特级数学老师出的题他都做不出来。

要让孩子读书，你要读书，和孩子要有共同读的，还有个人读的。要虚心好问，要创造机会多问问题，孩子问问题时你不能只说不会，如果不懂就查询，查询之后再和孩子交流。久而久之，孩子就知道去查询。

教育必须培养好习惯，这是个规律，"好习惯受益终身，坏习惯受累终身"。要从小培养好习惯。养成良好的习惯，终身受益。形成不好的习惯，终身受累。没有形成良好习惯的人，不可能有什么成就。爱学习是好习惯，打麻将是坏习惯。习惯成自然，从学习的角度讲，家长要着力培养孩子的好习惯。

谢谢各位。

徐国静

　　吉林德惠人。1982年毕业于东北师范大学中文系。中国作家协会会员，中国少年儿童新闻出版总社研究部主任，主任记者。星星河创始人。

帮助孩子搭建通向成功的阶梯

◇ 徐国静

    天下所有的家长都希望自己的孩子成功，希望孩子有一个健康的幸福的人生。我和所有的家长一样，我有一个今年21岁的女儿，我也希望我的女儿和所有的孩子都有幸福的生活、成功的人生。

    我原来是做记者的，我自己个人喜欢搞文学创作，但我之所以关注教育、思考教育、探索教育是因为我的女儿。我的女儿在7岁的时候发起一个"星星河家园"，她和所有的孩子一样是独生子女，她感觉寂寞、孤独。有一天她突发奇想，请她的小朋友和爸爸妈妈来我们家吃饭，她打电话之后很高兴地跑过来对我说："妈妈，我请小朋友到家里吃饭。"我说已经安排她去看一个大型神话剧，我以为这会改变她的主意，但她说"妈妈，这好办呀，你请她们一起去看吧"，于是我弄到票请她的朋友及家长一起去看那个大型神话剧。我以为这件事情至此结束，但有一天我的女儿又自作主张请她的朋友和家长来家里吃饭，我对她的自作主张以及不和家长商量的做法很不满意，我说："你请朋友来家里吃饭为何不和家长商量呢？"让我万万没有想到的是，我的女儿睁大眼睛看着我说："妈妈，你和爸爸请别人来家里吃饭，也从来没和我商量过呀。"她的疑问让我意识到，我们在家里只是大人做主，把孩子看成是无知的、没有思想、没有意见的。

　　孩子是家庭的成员，她有自己的需要有自己的朋友，她希望能像大人一样做主请朋友来家里做客。于是我尊重了我的女儿，请她的朋友们到家里，当两个小女孩打开门的时候，我看到另外两个孩子灿烂的笑脸，然后我的家里充满了孩子的欢歌笑语。从那天开始，我给我的女儿创造了一个"星星河家园"，"星星河家园"有个图，上面一颗蓝色的星代表天空，天空在中国的文化中象征父亲，下面是黄色的星，黄色代表大地，大地在中国文化中象征着母亲，中间是红色的星，红色代表孩子，孩子在中国人的心中象征着太阳，右边是一个橘黄色弯弯的月亮，像一个小船像一个温馨宁静的家，是天空、大地、太阳的家，是爸爸、妈妈、孩子的家。

　　我们希望孩子成功，但一个人怎么才能获得成功呢？在中国和世界的历史上有很多成功人士，一个成功者必须具有三种力量：第一种力量是足够的体力；第二种力量是左右脑互动的能力；第三种力量就是心灵的力量，包括注意力、想象力和创造力。

　　这三种力量是不可缺少的，但不是上了大学读了博士就能拥有的，而是从我们的生命之初从零岁开始就要积累这样的三种力量，家庭教育是孩子幸福成功的基础。

　　一个人能成为什么样的人？在一个学校里有几千个孩子，为什么有的孩子能成为某些领域的佼佼者？首先就是梦想，孩子对某一个领域发生兴趣并且有梦想有目标；一个人要想为很多人服务，能够成为一个领导者组织者，需要有爱心，爱心是成长的加油站；我们还需要有能力、需要自信、需要有展示的舞台，这一切不是完全通过社会给的。孩子18岁之前很多时光都是在家庭中度过的，家庭是一个大学校是一个大课堂，父母就是第一任老师，爸爸妈妈可能不会化学、物理、英语这些知识，但给孩子爱心、自信、能力、梦想和舞台是每个父母都能做到的，只要给孩子这些成长的元素，在未来的成长中孩子会有这样的能力。

第一个阶梯就是给孩子梦想

一个孩子从学说话开始，你问他长大想做什么，他会告诉你在电视里看到的一个人物或坐公共汽车时碰到的喜欢的人。男孩子会说想当警察，因为他觉得站在马路上的警察感觉很威风。一个女孩子会说喜欢做列车服务员，因为孩子的视野就这么宽，他看到的这些人吸引了他。孩子去医院会想做护士，去学校会想做老师，随着视野的扩大、接触，不一样的人会带给他不一样的梦想。

我们看一下大家都非常熟悉的比尔·盖茨，他童年时有何梦想？他的妈妈怎么对待他的梦想？他后来又是怎么让梦想成真的？比尔·盖茨在3岁的时候和妈妈去参加一个聚会，见到了美国当时的首富，回来的路上他对妈妈说"我长大了也想做个世界首富"，如果你听到自己的孩子说长大后想做世界首富会有什么反应呢？比尔·盖茨的妈妈蹲下身来看着他的眼睛问他："告诉妈妈，你真的想成为世界首富吗？"所有的孩子听到妈妈这样的疑问都会点头说"是"，比尔·盖茨的妈妈说："要成为世界首富，就要知道世界上有哪些财富，要知道如何去调动这些财富。"回到家后，他的妈妈给他买了一本《世界百科全书》，比尔·盖茨5岁时就读完了这本《世界百科全书》，20多岁他敢于挑战哈佛大学，因为他已经积累了大量信息和知识。

在中国是不是我们的孩子就没有这样的梦想呢？当孩子出现这样的梦想时，大人是如何激励肯定的呢？我们很少敢于相信孩子会成为世界首富。在北京有一个孩子读了一千本书，文学素养非常好，会写小说、电视剧本、诗歌、散文、随笔，是上万个孩子才能选到的一个孩子，但这个孩子成绩不是很好，数学、化学、物理不及格，他的妈妈经常被老师叫到学校，为孩子感到痛苦忧虑不满意。一个孩子有这样的天分，妈妈应该觉得幸福才对，但这个妈妈觉得自己的孩子是个问题孩子。孩子有一天对妈妈说想成为中国一流的导演，妈妈说："你还想成为中国一流的导演，你连大学都考不上，你别做梦了。"

是什么使妈妈成为这样的呢？是上学考试的标准，成绩不好的孩子就被认为没有希望，即使在某些方面很有天赋，我们一样相信他不会成功。这个孩子说，妈妈你先别否定我，你先找一个人看看我的作品，看看我能不能成为这样的人。他的妈妈通过一个朋友找到我，我看到这个孩子的作品后非常惊讶，这是上万个孩子中才有的一个，有与生俱来的因素有后天爱好自觉学习的因素，这样的孩子完全可以成为电影导演。为什么因为他物理化学成绩不好我们就打击伤害他呢？因为我们有共同的社会标准，不敢相信孩子的优势。后来我见到这个孩子和他做了个约定，为了这样一个梦想去考一张通票就是大学考试，为梦想去付出去实践，不上电影学院靠自学可以写剧本但不能当导演，因为今天的导演是高科技的导演，不懂计算机不会英语你怎么可能成为一级导演呢？这是一个国际化的时代，不是五六十年代写个剧本，电影科技含量那么低。如果你有这个梦想，你来努力，我们来做个约定。这个孩子在寒假减肥20斤，背下30篇英文，成绩突飞猛进。

孩子需要鼓励，当孩子有了梦想之后，我们要给他的是鼓励而不是打击，帮助他实现梦想。孩子人生的命运不是把握在老师手中而是把握在家长手中。

我们再看一看给人类插上翅膀飞行的美国的莱特兄弟。莱特的爸爸是普通的贫穷的牧羊人，他每天带着孩子去山上放羊。当哥哥10岁弟弟6岁时，有一天爸爸带他们去山上放羊，弟弟看到天上的大雁就问爸爸大雁往什么地方飞，爸爸说往南方飞，哥哥说长大后也想飞像大雁一样想飞哪就飞哪。我们的孩子是不是也这样想过呢？我们小时候是不是也这样想过呢？莱特爸爸是怎么对待孩子的梦想的？爸爸说："你们真想飞吗？那就试试吧？"孩子抖动双臂做飞行的样子但飞不起来，爸爸说"让我来试试吧"，他把鞭子放下和孩子一样在山上跳了两下，说："我老了，我飞不动了，你们还小，你们想飞一定能飞起来，你们想知道鸟是怎么飞的？你们去研究一下鸟。"回去后爸爸给他们买了很多关于飞行机械、鸟类的书，在哥哥36岁弟弟32岁的时候，兄弟两为人类插上了飞行的翅膀。这是一个普通的爸爸，是一个贫穷的牧羊人，他靠什么给孩子力量呢？靠对孩子梦想的信任。

梦想成真，信则灵、信则诚，在这个世界上所有的成功者都是因为自信，并且相信自己的梦会变成真的，为此而努力。

给孩子以成功的人生，不管你的孩子多大，当他给你讲梦的时候，请你一定真诚地对孩子的梦想抱有欣赏、支持、鼓励，遭到大人打击的孩子是遭到人生最大打击的孩子。美国为什么20世纪如此强大？不仅是花了大量的钱让很多有才华的人聚集在美国帮助他们推动发展，还有美国的父母们，比如爱迪生的母亲，每个成功者背后都站着对孩子充满爱、充满信任的父母。我们所有的人都希望孩子幸福、成功，那么我们给孩子什么呢？有了梦想之后就有了学习的动力。我们首先做到这件事，心有多大舞台有多大，梦有多大世界有多大，很多成功者就是这样实践的。给孩子梦想，孩子就会有动力，就会有目标，学习的热情、劲头就会发生变化。

第二个阶梯是给孩子爱心

天下所有的父母都爱孩子，但为何有的孩子会离家出走？有的孩子会对父母非常不满？甚至有的孩子会以残忍的手段杀害父亲母亲呢？是我们的爱出现问题了吗？如果我们对物质的关注大于对孩子心理的关注，只爱孩子的成绩分数、只希望孩子吃好穿暖，不关注青春期的孩子想什么、6岁的孩子有什么烦恼，我们的爱就很难爱进孩子的心灵。

爱会给一个人带来什么？**你站在教室里看到50个、100个孩子，我一眼就能看出哪个孩子缺少爱。拥有爱的孩子眼睛是发亮的，对什么都会感兴趣**，在家里从父母那里接受的是关爱信任的信息，喜欢拥抱新的事物，精神情绪是饱满的，心灵状态是开放的。**一个经常挨打、不被父母信任的孩子对成人的眼光是躲避的，遇到事情会躲闪不会主动拥抱，面对新的事物、新的知识、到一个新的环境不会很快兴奋起来**，仍然很麻木，得不到爱的人是不愿意和别人分享的。拥有爱的孩子愿意把物质和精神的都给别人，因为他感觉很富足。

爱让我们整个生活发生巨大变化，有爱和没有爱所带来的痛苦和欢乐是不一样的。**童年得到的爱会延续到生命的结束**，因为爱太强烈太深刻，留在我们的记忆中没有办法抹除，童年受到伤害的孩子依然会把这种伤害带到青春期、婚姻期的生活中。爱孩子对今天的爸爸妈妈来说不仅是吃饱穿暖，是要给他们足够的精神的营养，给他们丰厚的人生基础。给孩子爱，孩子就会快乐。

看看今天家庭教育的语言，总是指责，一个孩子考不好就是指责。然后就是抱怨，批评孩子指责孩子，然后是担心。一个武汉的公司老总是复旦大学毕业的高材生，可以说是成功的人士，他的儿子正在上高中，我和这个孩子沟通过，这个孩子非常有哲学头脑，常思考宇宙运行的规律、国家的农业与教育问题，对16岁的孩子，这是他不断学会研究关注社会的一个时期，但他思考的这些问题和考试没有关系，因此他的成绩不是很好。他的爸爸承认这是个有思想有头脑而且会学习、会自己学习的孩子，但就是成绩不好。他爸爸和我说孩子很聪明很努力，但考不上大学怎么办？一个晚上这句话说了五次，一个成功的爸爸面对一个孩子的问题依然不知道如何是好，手足无措，担心恐惧，担心孩子出了问题怎么办？我对他说我们换个思维讨论这个问题，我们现在讨论的不是考不上大学怎么办，而是怎么让我们的孩子考上大学，就这个孩子的个性报考什么样的学校更有把握，报考什么样的专业将来会更有发展前途。他有天赋，他会学习，他有这个能力，上了大学以后的人生还很长，依然会有巨大的发展空间，为什么停留在考不上怎么办？如果我们老想考不上怎么办这个孩子注定考不上。

当我们恐惧指责抱怨的时候，我们给孩子的不是爱，而是各种各样情绪的垃圾，他没有能力处理这些垃圾语言垃圾思想，我们给孩子一个什么样的环境太重要了。

现在中国的家长有一个推理，我们对7岁的孩子说："如果你不好好学习，将来就考不上好中学，将来就考不上好高中，考不上好高中就考不上好大学，考不上好大学以后就找不到好工作。"对7岁的孩子说这样的话有意义吗？不仅没有意义，还是很大的可怕的心理暗示，让孩子怕做事，给孩子带来很多心理疾病和问题。

我们往往对孩子是诱惑加恐吓，我的女儿在上小学五年级的时候，有一天去参加一个艺术节，表演之前她突然和我说："妈妈，老师说了明天台下坐的是教育局长、各个学校的校长，如果跳好了拿到大奖上中学可以加分，如果跳不好失败了会给学校丢脸。"这

191

帮助孩子搭建通向成功的阶梯

是我们非常程式化的各种考试前大赛前的暗示，考得好会给你买一台电脑考不好会怎么样，因为我们的暗示，孩子的注意力和心思会集中在我们的暗示上，一道题答错会想到一系列的后果，一定会考不好。我把方法告诉大家，在我女儿睡觉之前我对她说："明天演出时什么都不要想，不要想获奖不要想失败。"她问："我想什么呢。"我说"想音乐"，她说台下坐的局长和校长怎么办？我说："你想台下就是椅子和空气，你想音乐你想角色，全身心进入后不会害怕不会紧张。"和孩子这样讲似乎她懂了，如果要强化她真的能做到，在孩子睡觉之前，她刚要睡觉已经进入休息大脑不那么活跃的时候，给她一点暗示，我趴在她耳朵边上说："明天台下就是椅子和空气，记住心中只有音乐和舞蹈。"我让她重复一遍，她重复了一遍。第二天她们穿的袜子很滑，出了点意外，但她没有从情绪里出来，依然在角色里。大人在孩子考试的时候一定要这样，我女儿每次考试我都不问，考完后我也不去接，越问她越紧张，不要给她压力，她开始放松，告诉她考试的时候就和平时做练习一样，会的就答，实在不会放下答下一道题。

任何别的话都会变成孩子的噪音。指责会给孩子带来坏的情绪，一旦延伸会变成心理疾病。当一个人恐惧的时候，整个人的血管是收缩的，血压升高，大脑心脏供血都会不足，紧张时脸会变白或变红，因为神经系统血液系统内分泌都发生变化，大脑一片空白怎么会做好呢？

从容不迫地去面对事情，要从孩子很小的时候做起，所有的心理问题都来自怕，抑郁、自闭、自卑都是来自怕，胆小自卑的孩子是不可能成功的，也不快乐不幸福。一个孩子这样的精神心理情绪是老师给的吗？不是，家长完全可以做到给孩子一个好的心态，鼓励孩子，一个10岁的孩子，有足够的时间去修正错误。

很多家长非常紧张孩子的错误。山东有三个家长说她们是失败的妈妈，一个说孩子上课不认真听讲、一个说孩子不完成作业、一个说孩子逃学了，她们的孩子刚刚7岁刚上小学。家长觉得失败了很恐惧，后面的12年如何度过？妈妈失败的心情会传染给孩子，紧张焦虑会传染给孩子，孩子紧张焦虑的时候肯定学习不好。给孩子健康的心理，不要让孩子害怕，要爱他鼓励他相信他。我们知道很多心理疾病的根源就是缺少爱，在陕西一个妈妈，孩子只有16岁，但她已经白发苍苍，就是因为焦虑恐惧。她说儿子的房门上挂着一个"闲人免进"的牌子已经挂了三年。我们可以想象一个孩子上了中学和爸爸妈妈住在一个屋檐下，但门口挂着"闲人免进"的牌子，爸爸妈妈进不去孩子出不来，这样的生活、家庭氛围会是幸福和快乐吗？孩子为什么会挂这样的牌子呢？我给孩子打了一个电话，和他沟通。开始孩子很自闭很防范，我说你的爸爸妈妈很了不起，他为这句话感到惊奇，我说因为他们不断学习不断改变自己，敢于坦白承认自己错了很对不起你要改变自己，这样的父母就是了不起的父母。他们也是第一次做爸爸妈妈，不知道如何和孩子交往，当他们知道的时候准备改变自己，难道你不觉得做爸爸妈妈很伟大吗？你以后做父母的时候也会不断改变自己。他对我讲就是因为爸爸妈妈从小开始就唠叨他，因为他烦了要保护自己不听到噪音不受到伤害才关上房门。今天在北京在很多城市这样的孩子很多，他们觉得自己长大了觉得不受你们摆布的时候会采取这种手段。

这种防范来自童年没有和孩子很好地沟通，我们呼吁爸爸妈妈用爱心和孩子沟通，不仅使孩子学习成绩生活的态度都是积极的充满阳光的，还会让我们孩子减少心理疾病。据有关调查，有心理疾病的孩子在幼儿园都有，就是恐惧、没有爱、打击、伤害造成的，我们不希望孩子读到研究生博士因为有心理疾病停止工作，我们希望孩子幸福就要给他们爱。

我们看到很多孩子很聪明，但学习有问题。有的家长说孩子很聪明就是不用心所以学习不好。注意力不能集中的孩子很大程度上心理没有安全感，单身家庭的孩子缺少安全感，觉得自己没有安全感，心老是被这件事提着，看到别的孩子有爸爸妈妈送就会羡慕难过，在课堂上根本没有听课，这样的孩子学习不会好。

让孩子心在，是家庭教育非常重要的一件事情，怎么样让孩子的心在呢？给大家一些方法，这些方法是我在"星星河家园"体会到的，也是我和女儿长时间在一起沟通建立起来的。

第一个方法是倾听。

让孩子说。家长喜欢教孩子怎么做，很少让孩子去说。听孩子怎么说怎么想怎么读，孩子会非常兴奋。我每次出来演讲，都会对女儿说今天我要到什么地方，面对的是中学生大学生还是家长，问女儿我该怎么讲。所有的人都会特别看重别人对你的尊重，如果一个领导问部下有什么好主意，任何一个部下听到领导这样真诚的发问都会调动所有的智慧帮助领导，孩子也是人也需要大人尊重他。包括我去中央电视台做节目讲成功成长人才，我的女儿都会帮助我，她有对的地方不对的地方没关系，调动了她的思维能力。有天晚上15年前我帮助过的两个兄弟，孩子已经14岁了，跑过来找我，介绍了很多我的名称，孩子们不说话，我说他们一定是把孩子吓到了。两个妈妈开始讲孩子的问题，希望我帮助解决。在这种情况下大人和孩子已经僵持起来了，没有办法沟通对话，家长也没有学会倾听。后来把孩子打发出去后，家长满脑子对孩子的不满。14岁的男孩子肯定不听话、肯定顶撞父母，按照孩子成长的过程，在这个年龄肯定会这样想问题，生命就是这样成长过来的。我说把孩子们叫回来，叫回来以后我和孩子们聊天，开始他们很警觉，后来我说我们来做个游戏，桌子上有杯子，天上有月亮，远处还有大海，用月亮、杯子、大海三个词快速联想一个故事。有一个小男孩马上就联想出一个具有哲学意味的故事，另外一个小男孩想讲得非常完美，很害怕总在想。在他想的过程中我们唱歌，后来孩子的心就放松了，我的办法就是信任他、倾听他，讲完之后热烈地鼓掌。现在男孩子上中学了，要请妈妈后退，请爸爸冲到前面来，妈妈是女人不懂男孩子的心，爸爸有过十四五岁孩子淘气叛逆的经历，爸爸了解男孩的心，知道告诉男孩子有什么样的人生目标、应当如何对待小女孩，不要等出了问题再找专家。如果爸爸对男孩子说："一个女孩子会喜欢什么样的男孩子？什么样的男孩子一生对女孩子都有吸引力呢？如果这个男孩子爱学习有梦想能够把梦想变成真的，想学什么都能学好，一辈子不仅受女孩子喜欢，也会受到男孩子的欢迎。"男孩子会明白要成为一个什么样的人。什么样的女孩子不能找呢？爸爸妈妈也要告诉孩子。有个家长告诉孩子，给孩子一个界限，电视中那种非常漂亮的女孩子任性、自我中心、喜欢花天酒地，爸爸说"这样的女人再漂亮男人也不能要，哪个男人去追随她那个男人一生会不安生"，他的这个想法，他的儿子彻底记住了。同样他对女儿讲，一个花花公子可能是富家子弟很有钱，到处摆阔到处拈花惹草，女人跟着他一辈子别想特别幸福和安逸。孩子在这个年龄段非常渴望大人告诉他如何和异性相处，但有的家长就是不敢说。妈妈有过14岁、16岁，也犯过这个年龄的错误，这种沟通能让和孩子之间不堵塞。如果你和孩子之间真的到了不能对话的程度，这样的家庭就太痛苦了。从今天开始，和孩子建立一个友好的沟通，保证我们一生都会成为他的朋友，孩子也会喜欢我们，孩子是喜欢爸爸妈妈和新鲜事物的。

帮助孩子搭建通向成功的阶梯

第二个方法是踢球。

有的家长疑惑该不该给孩子买电脑，买了之后担心有网络有很多不好的东西，那么踢给孩子让孩子解决，问孩子："如果我是孩子你是大人，你怎么解决？"孩子是喜欢游戏的。还有一个方法就是和孩子签订协议，像成人世界一样建立合同制，在什么时间段内可以看什么时间段内不可以看，如果违背合同的第几条那么电脑就没收了。因为没有这种理性的沟通，家长买了电脑之后管不了孩子，孩子和家长对抗，家长却认为是电脑惹的祸。

第三个方法是相信。

我们老认为孩子不好，尤其是成绩不好的孩子，在家庭在学校在社会得不到爱得不到信任。去年中秋节我去南京的少管所，有1200个孩子，我站在台上看到他们青春的灿烂的脸，从14岁进入监狱，判7年的刑，这7年的时光他们和别的孩子有什么差别呢？每个故事背后都是因为他们缺少爱缺少信任，信任会保护孩子不出大的差错。

第四个方法是鼓励。

孩子做事出了错没有关系，给他鼓励，鼓励会使他改变。我认识一个爸爸很会给孩子鼓劲，爸爸可以用很少的话产生巨大的威力，这是爸爸和妈妈的区别。妈妈可以唠叨一点，但爸爸不要和妈妈一起唠叨。有一个爸爸经常考试后摸摸孩子的脑门说"小伙子，爸爸相信你，这次没考好，下次一定会努力"，因为信任，孩子会很有力量。我们在单位犯了错，如果领导对你说"我相信你，这次错了没有关系，我知道下次你一定比这次做得好"，大人一定会因此而格外努力，信任的力量就是爱的力量。我们要信任我们的孩子。

第五个方法是保鲜。

让我们和孩子之间的关系永远是新鲜的，不是孩子上了中学之后就变得很痛苦。要创新。今天去旅游，比如去北京，计划交给孩子去做，让孩子上网查好地方让孩子做导游，孩子会对这件事情表现出极大的热情并认真去做好这项工作，长大后遇到问题能解决。现在的网络这么方便，让孩子去给你当导游让孩子提供信息知识，孩子会非常愿意。大人听他一天，他会发挥极大的创造性和能力把工作安排好，包括订饭订宾馆，将所有的事情都交给他，七八岁的孩子都可以做到，家庭里的亲子关系就会变得和谐。

在这里要强调一下父爱的力量。现在孩子上小学之前妈妈管得多，可能爸爸的事业比妈妈更忙没有多少时间管孩子，但对小学生、中学生来说，爸爸越早介入越好，男人给孩子的空间会大，不像女人那么恐惧，面对社会化的进程，男人知道如何对孩子的成长更有利，会是粗放式的管理。妈妈太细腻，中学生会烦，妈妈希望把孩子放在手心里，但中学生非常想逃出妈妈的怀抱和手心。爸爸用一点力量在这个年龄段让孩子过渡过来，让孩子有个大的方向和目标。

今天谈到很多家庭的沟通的爱的语言。几年前我走进北京二中，我说孩子们我有一个事情需要你们帮助，我要写一个献词献给你们的妈妈，有哪些爱的词语要写进去。一个小女孩站起来说："我们的妈妈根本不懂得爱，前两天我看了一个报纸，上面有一张漫画，一个小女孩对妈妈说'妈妈我爱你'，妈妈很愤怒地说'哪学的？这么坏'。我想试试自己的妈妈是什么反应，回家后说'妈妈我爱你'，妈妈没反应，于是我又大声嚷了一句，正在看报纸的妈妈把报纸一放说'你不爱我你爱谁呀，难道你不该爱我吗'，把从小到大的艰辛讲了一遍。我和同学讲了之后，同学想试试自己妈妈的反应，回家喊了一遍'妈妈，我爱你'，没反应，他又大声喊了一遍，妈妈放下毛衣说'说，要多少钱？'"

有一种妈妈是恐惧，听孩子说爱的时候就紧张，我们很多人活在这种紧张中，青春期的孩子出了一点问题之后我们就觉得没有希望了，很多妈妈活在恐惧中。我在河北长丰的公园里看到一群孩子在桥上无所事事地坐着，她们是初中三年级的孩子，我问她们在干什么，她们说不想回家，我问为什么，一些小女孩就哭，我蹲下来说："我的女儿和你们一样大，我也有过15岁，我也遇到过你们遇到的困难，你们有什么困难可以告诉我。"她们接到男生的电话被妈妈打、或者接到条子就被家长唠叨，对家感到厌倦，这样的孩子能学习好吗？如果回到家能安心读书不是更好吗？这些小孩哭成一片，我说："这个年龄时该如何面对自己的这些问题还有面对爸爸妈妈的担心，这种担心有一天你们当妈妈会理解的。"第二天这些小孩给我写了条子和信，说要认我当妈妈长大后去看我。我是一个过路的人，我只是给她们讲了她们心里需要的话，她们感到一个成人理解她，但妈妈十几年的养育之恩，为何一点小事就让孩子离妈妈远去了呢？家长忘记了她是十四五岁，依然需要你爱她理解她，她接到男孩的短信，给另外一个人发出我爱你的语言，其实没有什么了不起。我的女儿在那个年龄也有过，但我没有担心过。长春一个家长告诉我他的儿子可以考东北师范大学附中，但因为和一个女孩通信，被他爸爸锁在房间里，他自己又把门反锁住，结果还是找110打开房门。我们太害怕孩子的感情出问题，这是成长中必然出现的问题，我们要用什么方法和孩子沟通是最重要的。

还有的家长就是讨债型的。一说就是"我为你付出多少"，讨债的关系使我们的关系变得不愉快。教育最重要的问题是家庭和谐，如果父母总抱怨吵架，孩子在这样的环境中不可能身心健康，要让孩子成长好，最重要的是我们要和谐。女人其实为家庭男人孩子付出太多了，但为什么有时男人孩子会离开我们？有的女人说付出那么多爸爸跑了孩子也跑了。不要怪爸爸也不要怪孩子，要从女人自身找原因，最重要的原因就是抱怨，当你做了很多好事，一两句抱怨让别人很烦就让好事打折了。要让孩子知道有孩子很骄傲很富足，付出很快乐，因为看到他在成长，让孩子知道做你的儿子也很骄傲。如果只是告诉他为他操心为他付出太多，等于在精神上污辱他、在人格上鄙视他，孩子不会爱你。讨债的方式是破坏家庭的，也破坏了女人自身的和谐，男人不用这样的方式，他的世界非常广阔，不会抱怨也不会犯这样的错误。今天我们面对一个孩子，我们很容易伤心，因为我们付出太多。怎么样不伤心无怨无悔呢？我们不要去讨债，因为孩子使我们的生命有了延续，使我们的人生变得富足。

为什么要爱孩子？话题太多了，在我们人体内有一种物质叫内生吗啡，当婴儿被妈妈亲吻拥抱抚摸时，他就不哭，因为他的情绪被安定了，内生吗啡这种物质在头脑中增多，情绪镇定。当孩子恐惧紧张的时候会又哭又叫，因为这种物质减少了。长大了上小学中学时，孩子依然需要被抚摸被爱被关注被重视，大人同样也需要，我们把这种需要给丢掉了。我们对小孩子可以做到但对大孩子就会丢掉，当一个人紧张不安的时候，学习成绩工作能力都会下降。爱孩子不仅是精神层面的还是生理层面的。青年人、中年人生命力强壮，这种需要好像看不见了，但其实仍是需要。爱与不爱对我们每个人的成长都是非常重要的。

爱孩子有一种方法，孩子很小的时候就拥抱他，相互给予一种力量，没有戒心没有防范，敞开怀抱去拥抱就把自己的能量注入给了对方。对失败、出错的孩子，拥抱他会给他力量。拥抱会让孩子觉得家长依然爱他，肢体语言有一种更强大的力量。当爸爸妈妈用骄傲的目光注视孩子的时候，给孩子注入能量，让孩子感觉自己很棒，让他觉得"虽然我做得不够好，但爸爸妈妈依然爱我"。触摸的方式，我一个卫生局局长的朋友从孩子很小的时候就从尾椎骨向上抚摸，一边抚摸一边讲故事，这是生命科学中的一部分。我们的脊椎有多处神经，抚摸使他变得愉悦放松，记忆力、思考、感情都会因为抚摸发生变化。要用爱的方式对待孩子。还有注视，有的家长用不愉快的眼神看孩子，孩子讲话时家长做出对孩子不满意的表情，孩子就会知道妈妈说的"你真棒"不是真的，孩子可以从语气眼神声音中知道你是不是真的觉得他棒。要发自内心觉得孩子做得很好给孩子肯定，对孩子的爱流露在日常生活中点点滴滴，每时每刻都可以给他力量。

第三个阶梯是给孩子能力

一个孩子有了梦想、爱心，他被爱过，他有能力去爱别人，他需要能力。

一个人有学习的能力，包括记忆的速度、知识的积累、经典的阅读；第二个是表达的能力，需要口才，需要感染力去表达，引导别人去做事；还有行动的能力，走出家门校门国门。如果一个孩子从很小有这样的经历，把能力调动出来，未来可能是个领导者，做任何事情都不会担心。

学习是个非常简单的过程。我要给大家一个最简单的方法：打开耳朵，打开神奇的记忆之门。从现在开始，大声地念，嘴巴说出来，让耳朵听着，开始进入思考记忆，脑子里会转成画面。声音、语言从左脑进入的时候，在右脑会转换成图像。比如"两个黄鹂鸣翠柳，一行白鹭上青天"，右脑会出现黄鹂、柳树、天空，孩子的记忆速度就会变快，不是单纯记忆符号，而是把画面语言和声音结合起来。增强记忆力有很多手段，最简单最原始的手段是大声朗诵，这是开发右脑最简单的方法。这个记忆是终身不忘的，中国古代私塾就是大声诵读的，在今天得到非常好的证实。

给大家讲三种方法：一种是家庭10分钟的记忆法。有一点爱心有一点坚持就够了，每天5~10分钟带着孩子大声朗读，在孩子小的时候妈妈做这件事情，不讲时间、地点。我去厨房做饭，会把女儿叫出来让她给我念一段课文，我做饭的时候她会大声念，如果你没听够他会喜欢说第二遍，念第二遍会增深他的记忆。孩子从小不给你念，在课堂上很少有机会站起来大声诵读课文，如果到18岁没有站起来大声讲过话，走向社会当众讲话讲得很有感染力声情并茂是做不到的，因为没有这种锻炼没有这种积累。一个人有了大量积累之后，才会出口成章侃侃而谈，这是大量积累而来的。从现在开始坚持一周，你会发现在语言表达方面比原来好了，坚持一个月会发现孩子记忆力好了，坚持一年的成就非常明显。中文可以这样学，英文也可以这样学，语言课是所有课程的基础，语言没学好理解力差，不明白事物之间的关系，分析能力差，别的学科也学不好。我的女儿中英文演讲非常强，不是天赋，而是训练。每天回来念一遍，给孩子信心，花一点点时间，功夫不负有心人，不要都指望学校。在学校里没有机会发言，没有人听你讲话，能力怎么能练出来呢？我认识的一些朋友能力非常强、记忆力非常厉害，就在于童年时的训练。

还有激情记忆法、群体记忆法。一百年前英国教育家斯宾塞每天带着孩子去河边唱歌，邻居家的一个小女孩学习成绩不好，邻居找斯宾塞帮忙，斯宾塞问"你们家唱歌吗"，邻居很奇怪唱歌和孩子成绩不好有什么关系呢？斯宾塞说你手在动的时候就带着孩子唱歌。这个妈妈很崇拜他，回家就带着孩子唱歌，唱了一段之后发现女儿变得活泼开朗爱笑很多事情爱和妈妈讲，后来成绩变好了。

后来她问斯宾塞："你的唱歌是什么秘方？为什么学习成绩会好了呢？"唱歌的时候肺活量增大，注意力集中，血液运动，脑中有很多画面，小孩子这个样子的时候愿意接受新的事物，别人讲话愿意注意听。大声唱歌和大声朗诵使人的注意力高度集中，教育局的主任孔庆和说，我讲完之后他发现唱歌时是全团孩子注意力最集中的时候，整个心变成旋律节奏，动心动脑动情，注意力会集中，用最简单愉悦的方式让孩子热爱学习，比上学习班补习班找专家好很多。

大声朗诵大声唱歌，在家庭中有这样的氛围，家里是一个舞台，在家里得到尊重，这样的孩子不会离家出走，家是展示能力的舞台。这是为何让孩子大声朗诵的原因。

一个人心中去亲近什么就会变成什么拥有什么，如果亲近街头的快餐文化，慢慢就会在思想、血液中融入这种流行；如果接近大师接近人类历史上的伟大人物，他们童年的故事会给孩子启迪，他的目标方向就会变。

今天是个网络时代，很多家长担心孩子上网，不知孩子会变成什么样子。怎么让孩子充分利用网络？网络是个巨大的资源库是个课堂，但当孩子不能很好运用的时候会出问题，因为网络同时也是陷阱。

从牛顿到航天科学家还有很多艺术家，一个小孩从小学到中学读过这么多人的传记，会有很好的梦想空间。这是个做梦的年龄，是跟着伟大人物行走的年龄，20岁以后世界观就形成了，再给他可能他就不会跟着走了。亲近这些伟大的人物比亲近歌星影星要好得多，现在的孩子只想知道歌星的星座血型趣事，这不是一个有利的教育，不是培养大家伟人的教育，这是时尚。而孩子心中有这些大家截然不同，我刚才所讲的一个小男孩用哲学的方式谈了杯子、大海、月亮，他读过莎士比亚、达尔文、诺贝尔的故事，他的姿势、气势和一般男孩子不同，他心中有这么多伟大的人物，于是他的追求、思考是不一样的。希望我们的孩子在这样的年龄，家长能给他买这些好书。我的女儿每次过生日我都送她一本书，她13岁时我送她一本弗兰克林的书。即使一本书不全看完，只看了一部分对孩子的意义都不同。每个节假日都可以送给孩子书，**希望爸爸妈妈带着孩子一起读书，知道有很多未知领域你也不知道，和他一起学习他们会更有热情更佩服爸爸妈妈，孩子喜欢爱学习有追求与时俱进的人。**中央电视台做了一个调查，调查孩子喜欢什么样的妈妈，调查妈妈想做一个什么样的妈妈，妈妈想做勤劳帮助孩子的妈妈，而孩子们喜欢的是时髦的妈妈，会化妆、变得很漂亮、会开车、会英语、会电脑，这一切都是与时俱进的，家长不学习什么都不懂，孩子会说你说什么。你也和孩子一起学习，或者让孩子读完之后讲给你听。这一招对我女儿很灵，买书回来时说爸爸送给你这本书，你读完之后讲给我听，她会认真读这本书，不是把书给她就完事了。孩子从10岁到15岁、18岁读了很多书，学习的能力有了，自学的能力有了之后就不用担心。

如果给孩子一个主题，在网络上让他从科学文学艺术等方面搜索，所有的信息都来了。我的团队有个张小雨是北京师范大学的研究生，让孩子介绍中国和世界的火箭，两天之内到网上查询了十万字，很快把这本书大概编写出来了。我们的孩子都有这样的能力，让他们查询，查询的时候网络就是最好的学习工具最大的资源库，他知道去找老师而不是玩游戏，要看怎么去用网络。要和各个学校的计算机课联系起来，激发他用最积极的方式利用网络，把网络能源变成自己的精神能源。

还有立体学习的方法，北京的科技馆、天文馆、博物馆、图书馆非常丰富，可以带孩子去看看。孩子们看过实物和没有看过是完全不同的，西方非常重视博物馆的教育。孩子去看一下科技馆、天文馆，有了记忆再学物理化学的时候不会变得很吃力，很多小孩在中学不愿意学物理化学，一个原因可能是老师讲得不太好，还有一个原因是孩子对这个领域一无所知，如果从小读了牛顿、伽利略等故事，就会产生兴趣。学习的方式很多种，完全可以用各种创意的方法解决眼前的问题。

第四是给孩子创意，有了大量信息，把它变成能力，去创造。通过五项活动诵、唱、说、写、画，任何一种方式都可以，只要去动手，就会把思想变成能力。如果有很多种形式让孩子参与的话，孩子就会喜欢。当孩子拥有这些能力之后，还需要一个重要的阶梯就是舞台，我们天性喜欢表现、掌声、鲜花，孩子喜欢用表演的方式告诉你我长大了有能力了，我们也希望通过这种方式看到孩子成长了，家庭社会学校都需要给孩子舞台。贝多芬、莫扎特是世界艺术大师，他们为何会有这样的才能？因为他们童年有这样的舞台，每一次演奏人都会提升自己，当你演出的时候那么多人看着你，可能会紧张但要做好足够的准备。反复通过提升的方式你的进步就比别人快，能力就比别人强。童年参与社会活动不仅仅是拿名次，重要的是让孩子知道他有能力有自信，把能力充分发挥出来。在大学里孩子可能成绩第一名，但什么爱好都没有，除了学习什么都不会，他会自卑。

童年知识层面太单薄，面对大的人群、面对社会不是综合能力强的人，不能成为佼佼者，打击和伤害是非常大的。我对面是对外经贸大学，里面有我亲戚的一个孩子，她在黑龙江时学习很好很骄傲，她考上的学校非常好，分配也会非常好，但到了大学不会和别人交往，一遇到冲突就给她妈妈打电话，早晨打一个小时晚上打两三个小时的电话，解决不好就换了宿舍，换到第三个宿舍还是不行，要租房子。

童年在开放的环境很有创造力的生活，到了大学肯定是学生领袖，肯定是各种组织最活跃的分子，孩子的成长路是很漫长的。

家庭教育是个十年的工程，如果要做个规划的话，孩子要读什么书孩子要去什么地方旅游都要有规划，十年之后有规划的孩子和没有规划的孩子有巨大的差距。一个国家会有规划，家庭教育同样需要规划，我的女儿从一篇文章中看到一个美国人的规划方式，每天有一个想法就记到本子上，把自己想到的都记下来，后来发现每个想法都实现了。我们社会流行考试，各种各样的考试证书等级证书同样是一种方式，但不适合每一个人。有规划之后孩子的教育问题不会成为负担不会是困扰。学校和家庭同步帮助推动孩子，我们会教育得更轻松，没有学校的合作，家庭单独完成一件事很困难，让家长和孩子沟通也会遇到一些问题。和社会合作，社会有很多机构有好的教育方法，好的专家提供好的思路，不论怎么样，我们是孩子身边最亲近的人，和孩子朝夕相处的人，不断调整自己改变自己，愿意和孩子一起成长。

今天很多家长在休息日来到这里，非常感谢你们。最重要的是怎么把握今天的时光！过去如果孩子学习不够好遇到成长中的问题没有关系，他是成长中的人，他是充满活力的年轻人，他是一个孩子，他有足够的时间去修正和改变自己，我们不用担心。放下心全心投入去爱我们的孩子，我们会从孩子身上获得智慧、获得灵感、获得爱。和孩子一起成长的妈妈会变得年轻漂亮，和孩子一起成长的爸爸会拥有更多的智慧。如果你们相信，让我们一起来爱我们的孩子爱我们的家。

帮助孩子搭建通向成功的阶梯

王极盛

　　1962年毕业于北京大学心理学专业。1962年以来在中国科学院心理研究所工作。1987年晋升为研究员，1992年成为国务院特殊津贴获得者，1993年被国务院学位委员会批准为博士生导师。1980年代以来，侧重研究中学生心理、高考心理、家庭教育，被誉为"高考状元研究第一人"。

父母怎样关注孩子的心理情绪

◇ 王极盛

一、家长普遍面对的问题

1.对孩子期望过高

望子成龙是中国家长的普遍心态，不少父母希望自己的孩子进好的小学、重点中学、名牌大学、出国深造、一举成名……有些家长希望孩子功课好、分数高、力争三好学生……有些家长期望孩子学有所长，能在数学竞赛中获奖，能在英语大赛中获奖，能在书法比赛中获奖、能在钢琴比赛中获奖，能在体育比赛中获奖……总之他们对孩子的期望值很高。

家长对孩子有一定的要求与期望是正常的，但现在的家长对孩子的期望过高，期望值过大，不从孩子的心理素质的实际出发，脱离了我国的现行教育体制的实际，盲目地、不加分析地对孩子提出过高的要求，因此，在现实生活中不可避免地使期望落空，信心受挫。

家长不仅对孩子期望很高，而且付出的代价也很大。

（1）经济上的代价

现在的家长想方设法让孩子吃饱、吃好。不少孩子零食不断，营养品不断。北京市海淀区某重点中学的北面是麦当劳餐厅，对面是罗杰斯餐厅，南面是芳香鸡餐厅。中午学生们三五成群地去这些餐厅消费。

家长不仅在为孩子吃的方面付出很大的经济代价，而且在穿着方面也不惜花高价为孩子购置应时服装。有的孩子是一天一换外衣，有的孩子穿的全是名牌服装。

有一位中学生的父母都已下岗了，父母的穿戴很俭朴，可她穿的服装却很讲究。我曾与这位中学生的父母交谈过，孩子的父母说我们宁可少吃、少喝，也不能在吃穿上亏待孩子。

现在孩子的学习用具真是应有尽有。我的一个朋友的儿子在上中学，他有6个崭新、时髦的书包，每个都在百元以上。各式各样的文具堆满了一个大抽屉。父母不惜为孩子购买各种各样的同步练习册、参考书、试题册。

现在生活水平不断提高，适当地满足孩子的吃、穿、用的需要是应该的，也是必要的。我们在上面列举的吃、穿、用方面的"过分现象"，对孩子良好人格和价值观的形成有害无益。培养孩子节约、勤俭、朴素等优良品质是培养青少年良好人格的重要组成部分。现在学生中的吃、穿、用的"过分现象"容易使孩子养成浪费、奢侈、浮华的不良的个性品质。

君不见大学、中学的集体食堂的泔水桶堆满了大块馒头甚至整个馒头，经历过3年困难时期的中老年人看到此情此景无不感到触目惊心。而现在的大学生、中学生对此却熟视无睹、司空见惯。两种感情、两种反映形成了鲜明的对照，反映了两代人深层的心理差异。目前大、中学生这种吃、穿、用方面的"过分现象"如不得到及时的、有效的纠正，将对他们人格的形成造成很大缺陷。

大学生、中学生、小学生的吃穿用的"过分现象"使他们的价值系统中劳动、贡献、成就的地位下降，而享受、浪费、奢侈的地位上升。因此，及早纠正学生吃穿用方面的"过分现象"不是钱的问题，而是事关重大、有关学生形成什么样的价值观的大问题。这一代人是21世纪中华民族的骨干力量，他们价值观的优劣将与中华民族的命运息息相关，因此绝不可掉以轻心。

我的儿子王黎恩曾在日本东京都板桥区志村五小学学习一年。日本的小学生中午都是在学校集体用餐，他们吃饭时是自己吃多少盛多少，已成为大家的共同习惯。学生从小就养成节约的习惯，进入社会后这种习惯仍然保留着。我在日本的一些饭店吃饭，没有看到桌面上剩了很多饭菜就扬长而去的现象，吃不完的饭菜由饭馆的服务员用食品袋装好给客人带走。一次我与爱人同孩子谈到大、中学校食堂学生浪费粮食的现象，我的儿子在日记中发表了自己的看法，我征得他的同意摘录其中部分内容如下：

"锄禾日当午，汗滴禾下土。谁知盘中餐，粒粒皆辛苦。"这首诗我们从小就一直在背诵着，到现在也不会忘记语文书上一位老农民在烈日下锄地的画面。我们从小就说要节约粮食，但现在大学、中学食堂的剩饭桶总是倒得满满的，甚至有些没有吃过的饭菜、馒头也全倒在剩饭桶里，这使我沉思，难道这就叫节约粮食吗？

现在有许多学生的家中经济条件不错，学生便开始浪费，尤其表现在浪费粮食上。有时明知道吃不了但还是要买，以此表示自己有钱、慷慨，这成了一种嗜好，成了一种时髦，形成了"剩饭热"。现在中国还是发展中的国家，还有7000多万人没有解决温饱问题，真是饱汉不知饿汉饥。我希望在不久的将来剩饭桶中的大量馒头米饭能不再出现。

（2）精神上的代价

现在的父母为孩子在经济上付出的代价还是可以计算的，而为孩子在精神上的付出是无法计算的。

不少家长每天晚上陪着孩子做作业，随时解答孩子提出的问题。苦口婆心、绞尽脑汁地让孩子完成好作业。有些家长在假日、双休日陪着孩子去练琴、学书法、学绘画、学电脑、补习功课……很多家长为子女的期中考试、期末考试、小学升中学考试、中考、高考提心吊胆，夜不能寐。

一位初中一年级的女学生刘某某，在期末考试语文作文考完后，自己误认为跑题了，把这情况告诉了父母。晚饭时她的爸爸不吃不喝坐在院子里不停地抽烟。他的爱人几次催他吃饭他都没吃，他说孩子作文考试跑题了我吃不下饭，我比她还伤心。情绪一连几天都很低落，闷闷不语，无精打采。连单位同事都误认为他生了病。

这个女学生在小学时曾是年级三好生，在升初中时，她所在的小学有6个三好生名额可以保送到重点中学。结果毕业考试后，她的成绩在她们学校的三好生中名列第七，一名之差丧失了上重点中学的机会。她的父母为女儿与第六名三好生只有0.5分之差而没有步入重点中学惋惜万分。父母为了能使女儿择校到重点中学，到处奔波，托关系，走门子，花了不少钱，送了不少礼，奔走半个多月，终因门子不硬以失败而告终。妈妈白发增加了不少，爸爸明显消瘦。这一对夫妻感慨地说，对不起女儿，一辈子遗憾和后悔。

我的朋友齐某某，他的儿子今年考大学，这个孩子学习很刻苦，学习成绩也不错，就是太胖，体育总是不达标。为了高考体育达标，他的爸爸提前一个学期就每天坚持让儿子练长跑。每天早晨6点半父子同时走出家门，爸爸给儿子推着自行车带着十几斤重的书包跟随着儿子跑步前进，气喘吁吁满身是汗，30分钟后父子同时到达学校门口。儿子接过父亲手中的自行车挥手拜拜，而爸爸一人徒步回家急忙吃口早饭奔向工厂。

为了孩子晚上能安静地复习功课，我的朋友夫妇俩一年没有看电视。为了能帮助孩子复习功课，年过半百的爸爸每天晚上钻研数学，不停地做儿子练习册上的题。为了孩子能报好志愿，夫妻二人到处奔走，四处咨询，花了上百元钱购买资料。夫妻二人因意见不一致竟吵了几次架。这对夫妻感叹结婚几十年没有吵过架，没想到为了儿子报志愿竟三番五次大吵，真是没有预料到。

高考前一个月，父母就都吃不好饭，睡不好觉，心事重重，牵肠挂肚。高考前竟两夜没有睡着觉。高考三天父母双双请假护送儿子去考场。

有一年高考第一天，我在7点半时到达人大附中校门口。人大附中是高考考场，我到达时已有不少家长陪着孩子在校门口。校门口很快就水泄不通了。家长手中还拿着吃的及各种饮料，我与几位家长交谈，他们说这是孩子一生的大事，在家里坐不住一定要陪着孩子到这儿才觉得心里踏实些。

有两家电视台采访了我，当晚北京电视台就播出了对我的采访。北京电视台的记者问我是不是送孩子来考试的，我回答不是。我说我是来观察与研究当今高考时考生父母的心态的。记者问我是哪个单位的，我说我是中国科学院心理研究所的，他看了我的名片后问我对考生父母送考生上考场有什么看法。我说这种现象是父母对考生过分保护的行为，从而造成考生过分依赖的心理。这种现象对父母的心理健康是不利的。因为它造成父母焦虑、不安、紧张甚至无所适从，很容易造成心理失衡，形成心理失调甚至造成心理障碍。这种现象对考生本人的心理健康也是不利的，考生对父母的依赖会造成孩子自信心下降，可能造成焦虑、抑郁的情绪，有可能影响考生在考试中正常发挥出自己的实际水平。

几年前，我应邀在某大学附属中学高中一年级家长会上演讲家教的心理学问题。开会的时间前10分钟家长都到达了会场，我在演讲时，会场秩序很好。家长们都十分重视家长会，这反映出家长对子女的关心，也反映出家长对子女精神上的付出。

2.目前家长普遍对孩子失望的事

父母对孩子的期望很高，为孩子付出的代价很大，有时得到的失望却是很多。

每个学生的个性特点、学习成绩、待人接物、文明礼貌的情况不一样。家长对孩子的要求、态度不同，因此家长对孩子失望的内容和程度也不尽相同。据我的调查研究，目前家长普遍对孩子失望的事如下：

（1）自理能力差

现在的中小学生家长普遍对子女的自理能力差表示不满，不用说小学生，就连不少中学生也从不叠被子，他们的被子都是父母给叠的。我的一位朋友的儿子已是高三的学生，从小到现在每天都是妈妈给叠被子。现在已是19岁了，他妈妈让他叠被子，他就说不会叠，他妈妈手把手教他叠被子，他也不正经学。有时他妈妈气急了说：你再不叠被子，我就打你，他就胡乱把被子一卷扔在床角就算完事。据我的抽样调查，北京地区中学生不叠被子或叠得很不像样的绝不是个别人。

自理能力也是一种心理素质，很难想象自理能力很差的中学生甚至大学生将来步入竞争激烈的社会中，能够自食其力。我曾到一些硕士生、博士生的宿舍去进行调查，发现有的博士生、硕士生也是不叠被子，这反映他们缺乏自理能力和自理习惯。很多中、小学生的家长都给自己孩子洗袜子，就连一些高中生包括女学生他们的袜子也是母亲给洗的。我曾调查到一位女中专生，17岁了，她的卫生专用品每次都是她爸爸给洗干净收拾好的。至于很多中学生不会做饭、不会缝补衣服更是常见的事了。

不少家长非常感慨地对子女讲，你都是中学生了连被子都不会叠，连手绢袜子都不会洗，将来怎么办呀？父母能跟你一辈子吗？

目前中学生、小学生的自理能力差，这是一个不可否认的、有目共睹的事实。不管怎么说，不管是什么原因造成的，不能不说这是家庭教育、学校教育在这个方面的重大失误。这种失误给青少年带来的心理危害可能是长远的。

心理素质是一个很大的概念，它的外延是很广的，包括的内容是很多的。自理能力对青少年来讲是一个很重要的心理素质。它不是孤立的、互不联系的，而是与其他心理素质相互联系、相辅相成的。自理能力强的学生一般说来他的独立性比较强，动手能力比较强。而自理能力比较弱的学生的依赖性比较大，动手能力也比较差。

有不少中小学生的爷爷、奶奶、姥爷、姥姥对自己孙子或孙女、外孙或外孙女进行袒护，说什么每天功课那么紧、那么多，哪有空叠被子、洗袜子。有的甚至说只要考个好分，考上名牌大学，我给他叠一辈子被子、洗一辈子袜子都心甘情愿。有的母亲甚至对上中学的儿子说，你只要考试总得100分，我天天都喂你饭吃。这些观念和行为，是目前某些中小学生自理能力越来越差的很重要的心理背景。

学生自理能力差，他的其他心理素质如独立性、操作能力、自我控制能力等的发展就会受到不同程度的限制。学习成绩是多种心理素质的综合效应，独立性差、自我控制能力差、操作能力差这些心理素质都会影响考试成绩。自理能力差的人走入社会后，会遭到更多的挫折，体验到更多的失败情绪，对事业的成功也是一个很大的冲击。

我建议以家庭教育为主，家庭教育、学校教育与社会教育协同作战，采取有效的教育方法，切实提高中小学生甚至大学生的自理能力。这也是提高学生心理素质的具体表现。

（2）对父母不礼貌

我的儿子王黎恩1994年10月～1995年10月在日本东京的一所小学学习，很快就学会了日本人的特别是晚辈在每天离家和每天回家时对长辈的礼貌用语。一般晚辈在离家时先对长辈说一声"我走了"，在回家时说一声"我回来了"，并且都是用的敬语。日本小孩从小受到家庭与学校礼貌教育的熏陶，进入社会后都是彬彬有礼，以礼待人。我曾经研究过这个问题，这是与中国的传统文化影响分不开的。如今中国传统文化中的精华，如以礼待人、讲究礼貌在我们一衣带水的日本得到发扬光大，而在我们祖国的家庭、学校与社会经常听到脏话、不礼貌的话，经常看到不礼貌的行为、违犯社会公德的行为。

就拿上车排队来说吧，这是每一个人都应具有的社会公德，是每一个人应有的心理素质。以北京为例，有多少个乘客按次序排队上车呢？我有一天在动物园乘332路汽车到颐和园，调查332路所经各站的乘客排队上车的情况。结果很遗憾，没有一个车站的乘客是排队按顺序上车的。有的站汽车进站后乘客蜂拥而上，不是老弱病残优先，而是身强力壮者优先，这种情况我在日本从来没有见过。

当前的中小学生有一些人不讲礼貌、不讲社会公德。早晨上学不向家长打招呼，下午放学回家也不向家长打招呼。他们上车也是横冲直撞，在路上边走边打闹，你追我打，一面走一面吃。在路上喝饮料，喝完后把易拉罐往大街上一抛了事。他们不尊重家长，以"小皇帝"、"小公主"自居，时常顶撞父母，无理狡辩，强词夺理。

某中学初一年级女生刘某某到另外一个中学去看她小学时的一位同学。看见另外一个长相很好的女学生后就品头论足，双方发生争执。过了几天这个女生又纠集了几个她所谓的好朋去那个学校收拾那个长得很漂亮的女孩，幸亏那天那个女孩不在学校，一场斗殴事件没有发生。而后这些孩子去饭馆大吃大喝一顿，花了不少钱，付款时钱不够了就与饭馆主人大吵起来，蛮不讲理。后来饭馆的主人找到了家长，才算结了账。父母批评这个女孩，她不接受，还顶撞父母，气得她爸爸冠心病发作。她妈妈伤心地说："我和她爸爸省吃俭用保障她吃好、穿好、用好，没想到一个女孩子竟和人打架，蛮不讲理，无理顶撞父母，真是气死我了。"

（3）学习成绩不佳

很多家长为孩子学习成绩不好感到很伤心，很失望。一类家长是对孩子的考试分数期待过高，孩子没拿到班里的前几位名次就感觉很失望。另一类家长是对孩子的考试分数过低而感到很伤心。有的孩子考试经常得六七十分，有的得四五十分。父母都希望孩子考试分数高，也为此付出了不小的代价，但是就有一些学生学习成绩确实不好伤透了父母的心。这些学生逐渐厌学，个别还逃学，可想他们的父母是何等的失望啊！

3.现在大多数家长不了解子女的心理

我曾经在一次家长会上对家长进行了下列问题的调查：看过心理学书的人占5%，95%的家长没有阅读过心理学方面的书；90%的人没有听过心理学方面的知识讲座；看过有关儿童教育方面书的占28%，有72%的家长没有看过有关儿童教育方面的书。

我问过一些家长为什么不看看有关心理学的书呢？有的家长讲心理学是研究什么的都不知道，也就更谈不上看了。有的家长说，有时拿起心理学的书看，其中很多专业名词看不懂。有的家长说有时想看但不知道看哪些方面的书对教育孩子有用，又没人指导。有的家长说每天忙忙碌碌没时间看书。

现在大多数家长不了解子女的心理，因此教育方法不当，对子女的教育效果不满意，甚至事与愿违，生气着急。现举几例家长教育子女违反儿童心理、违反学生心理，造成与子女不和与冲突的故事。

一位家长在星期天给女儿辅导数学，辅导了一小时后，女儿的注意力就不太集中了。到了一个半小时，女儿就开始东张西望了。到了两个小时，家长突然发起脾气："我星期天还有事要做，忙得很。其他事都顾不上先给你辅导数学，你倒好，东张西望，心不在焉，你这样能学习好吗？不管你啦！"爸爸扬长而去，女儿哭哭啼啼。为什么会出现这种不欢而散的结果呢？这是家长不了解初中一年级学生的注意力特点。初中一年级学生的注意力稳定在50分钟是不成问题的，但过了一小时就不够稳定了。连续学习两个小时，注意力分散是完全可以理解的。

家长宋某某找我心理咨询。她说，"王教授我儿子上小学时很乖，听我的话，什么事都靠我。初中一年级还行但已有些变化，上完初二就不像话了，我的话他不听，说我像个鸡婆婆唠唠叨叨没完没了。为此我们母子俩整天打嘴架，烦死我了"。我对他讲："初中阶段是孩子心理上的过渡时期，他由幼稚向成熟方面发展，由依赖向独立方面发展，他们的自我意识增强了。自我意识是个人对自己评价和认识的能力。它包括自我观察、自我评价、自我体验、自我监督、自我控制等。初中学生自我意识的发展对他们的性格形成有重要作用。

"有些家长认为孩子自我意识发展了，是不是就唯我独尊了、不听话了。不能这样讲，但从现象看也有相似的地方。初中学生自我意识增强，有了成人感，他们开始意识到自己不是小孩了。正如有的初二、初三的学生说，我们可留恋的儿童时代已经过去了。

"初中学生开始意识到自己是'大人'了，自我意识、独立性都逐渐在发展，有了自己的主张、自己的看法。因此不愿意听家长嘱咐这、嘱咐那，这不行、那不行。对家长的唠叨反感甚至顶撞。"

宋某某说那我以后就不管了，随他便吧，爱怎么怎么，我也不生那个气了。我说那也不行，你用对小学生的管教方法来管教初中生，违反了初中学生的心理特点，所以效果不好，造成了母子关系紧张。你现在说不再管他了也不对，管还是要管，关键在于要按照初中学生的心理特点进行教育。

初中生的一个重要心理特点是半幼稚半成熟，他们已不像小学生那样幼稚了，但还不像大人那样成熟。因此有时在行动上会表现出这样或那样的力所不及的现象，还需要家长进行循循善诱的指导，鼓励孩子的独立性和主动性，指导孩子学会客观地、全面地看待自己和别人，引导他们正确地进行自我评价、自我教育与自我监督，使他们在心理行为上逐步成熟起来。

一位小学五年级学生的家长找我心理咨询。她说她省吃俭用给儿子买了一架电子琴，并在繁忙的家务中每个星期天带着儿子到少年宫电子琴班学习电子琴。孩子对电子琴不感兴趣，上课不用心听讲，还主动与别的孩子讲话甚至打闹，并多次受到老师的批评责备。老师找家长说："你儿子不好好学也罢了，可他上课说话与同学打闹使整个班都受到很大影响。"这孩子回家也不按老师的要求去练琴，他妈逼他练他就应付一下了事。可他与小朋友踢起足球却没完没了，吃饭时叫几次都不回家，心完全投入到踢足球上，宁可不吃饭也要踢足球。

人的兴趣爱好各不相同，各有所爱这是正常现象。少年儿童的兴趣也是各不相同的。孩子没有学电子琴的兴趣，强迫他去练也没有什么好效果；他如果对电子琴有兴趣，你不督促他去练，他也会主动去练。就像他有踢足球的兴趣一样，不吃饭也要踢。我对这位母亲说，你是没有了解你儿子的真正兴趣所在，他不喜欢电子琴，你强行让他去练，因此才会出现事与愿违的结果。

现在确有一部分家长不了解自己的孩子的兴趣爱好是什么，而是按照自己的意志强迫孩子学这学那，往往不符合孩子的兴趣，自然不会有好的结果。不是每个孩子都喜欢电子琴、钢琴、琵琶，家长不能赶时髦，看人家孩子练电子琴而不顾自己孩子的真正兴趣爱好，也盲目地去强迫孩子学电子琴。

我认为家长要经常地、仔细地观察自己孩子的兴趣爱好，再根据自己的经济条件和孩子学业、时间等情况引导孩子去培养某一兴趣，这样才能使孩子的兴趣得到真正的培养和发展。

一位高中二年级的学生家长杜某某，她找我心理咨询，说她女儿今年高二，学习成绩也很好，希望明年能考重点大学。"这孩子最近非常用功学习，每天晚上做作业都做到11点。可是逐渐发现她做作业的速度比以前慢多了，甚至很简单的题也反复检查，反复演算，这样下去怎么办呢？我看孩子很用功，对写作业速度不快她自己也很痛苦，我也不能批评她，孩子的工夫下到了，再批评她不是更伤心吗？王教授你看该怎么办呢？"

我说，根据和你女儿的表现，十有八九你女儿患有强迫症状，我说请你女儿来和我交谈一下。经过我与她女儿谈话之后，我郑重地告诉这位母亲，她女儿确有强迫症状。这位母亲惊讶地问什么叫强迫症状？强迫症状指的是明知某种想法没有必要，想也没有用，但非想不可，自己也很痛苦，翻来覆去地想，心里也难过，或者某种动作反复去做，明知做也没有用，但是自己控制不住。你女儿明知那样简单的数学题是不会做错的，经过检查证明是做对了，但还是要反复检查，她也很痛苦，这就是强迫症状。

现在我们有些家长对孩子一些外观性的行为问题，如顶撞父母、摔东西、一不顺心就哭闹，看在眼里记在心里，也很重视孩子的这些行为，尽管没有什么好办法去解决。但是对像杜某某的女儿的那种内隐性的心理毛病却往往熟视无睹，也不认为孩子有什么毛病，因此往往也得不到及时的诊断和心理调解。造成这种情况的一个重要原因是家长缺乏心理学知识，对孩子的心理了解得太少。

二、用理解、温暖的方式教养孩子

心理素质与学生的学习成绩有密切的关系。一般说来心理素质水平越高，学生的学习成绩越好。

父母长期采用理解、温暖的情感教养方式，对子女的注意力、情感、兴趣、性格、人际关系、意志、智力、道德、适应性、满意度都有正面的、积极的影响。

这个研究结果，为素质教育特别是如何培养学生的良好心理素质提供了经过实验验证的、可行的有效途径。它告诉我们提高学生心理素质不仅仅是学校的事情、老师的事情、学生的事情，而且是家长的事情。

我认为，素质教育特别是心理素质教育是一个系统工程。从大的方面来讲需要家庭教育、学校教育与社会教育三方面的协同。

如果学校教育、社会教育都采取正确的教育方式，而父母教养方式是不良的，例如，严厉惩罚，或者过度保护，将会影响子女心理素质的正常发展。换句话说，父母不良的教养方式对学生心理素质的冲击，减缓学校与社会正确教育方式的正面作用。反过来也是一样，家庭采用正确的教育方式，学校也采取正确的教育方式，而社会采取的教育方式不当，那么社会的不当教育方式也将冲击、减缓家庭与学校正确的教育方式的积极作用。

我在这里特别想表述一个观点，家庭教育方式、学校教育方式、社会教育方式对学生心理素质发展的作用不是机械的、固定的，而是动态的、变化的。

我对父母的教养方式与子女的心理素质的关系的研究，还得到另外一个有意义的结果。父母严厉惩罚、过分干涉、拒绝否认、过度保护的教养方式都与子女的情绪有高度相关，并且都是负相关，而且相关都很显著。

我认为，现在的父母非常疼爱子女，但往往疼不到点儿上，结果劳民伤财，适得其反。我再次诚恳地建议，采取正确的对子女的教养方式，作为父母疼爱子女的起点吧！

我们教养的目的是与学生讨论、与老师讨论、与家长讨论，我们怎么一起来提高学生的心理素质、提高学生的学习成绩。

特别是中小学生和高年级学生，请你回顾一下你的爸爸、妈妈对你的教育主要是采取哪种教养方式。然后你再和爸爸、妈妈一起讨论一下，怎样让爸爸、妈妈采取更好的教养方式，改进过去他们的不良的教养方式，使自己更好地成长。我相信你的父母一定会高兴地与你讨论这个问题，因为这有利于你的健康成长。可怜天下父母心，哪个父母不愿意自己的孩子心理素质得到更好的发展呢？！

哪个父母不愿意自己的子女取得优良的学习成绩呢？！

从我国当前父母对子女教养方式的实际情况来看，不良的教育类型大致有以下几种。

1.过度保护使孩子适应性变差

作为中小学生的父母，对孩子进行适当的保护是应该的也是必要的。在小学阶段，孩子的独立意识很薄弱，需要父母适当的保护。中学阶段，学生的独立性逐渐得到发展，但毕竟他们是处在由儿童向成人过渡时期，因此中学生父母对子女进行适当的爱护也是应该的。问题是现在的父母对子女的保护过度了。据我的观察与研究，父母对子女过度保护表现在多方面。

某中学初二的一个学生李某某，家住六楼，他妈妈从小就怕他走楼梯摔着，每次孩子上、下楼她都领着孩子走。现在孩子已是初中二年级的学生了，个头比妈妈都高，每天早晨都是他妈妈牵着手下楼。我曾问过这位母亲，这么大的孩子你怎么还手拉手带他下楼？这位母亲说，我就是不放心，怕他愣头愣脑往楼下跑摔着。

我家附近有所小学，每天中午1点半左右，学校门口都聚集着很多家长，有爷爷、奶奶，也有父母，还有保姆。接近放学时刻已挤得水泄不通，他们接的多数是小学一二年级的学生，也有接三四年级的，个别的还有接五年级的学生。

我问过一位保姆，她说我每天中午接小弟弟一次，下午接小弟弟一次。他爸爸妈妈是双职工，中午不回来，对孩子很不放心，就怕出什么事。他虽然都五年级了，他爸爸妈妈交代我，在家里的最重要的任务就是要保护好小弟弟，上学、下学你都要陪他，一定要做到万无一失。家里活再忙，你都可以不做，但接送孩子千万不能忘掉。

9月1日是北京市中小学生开学的日子。我在北京某大学附中看到500多名家长护送初中一年级的学生去学校，校门口外有多辆护送孩子的小汽车在那里停放。

每当从教室楼门口出来一批学生时，都有家长拥上去赶快接过孩子的书包。有的妈妈说这么沉的书包啊，你哪背得过呀，妈妈给你背吧。有的家长把早已备好的饮料送给孩子喝，有的家长往孩子嘴里塞巧克力。我当时想，这是在中学的教室楼发生的事情，这些孩子已经是初中一年级的学生了，年龄都在十二三岁。

这种情景使我想起该大学的附小新生入学时的情景。家长对小学生入学的关怀备至，如同小朋友入幼儿园时家长对幼儿的关照爱护。父母对孩子入幼儿园、入小学、入初中的关怀备至的程度几乎一样。我想这些初中一年级的学生何时能长大。

我的一位朋友的孩子今年考大学，他告诉我，考场是不允许家长进去的。可是有的家长当考试中间休息的时候，费尽口舌，向工作人员求情，硬是进入考场，把饮料送给孩子，马上离开。那些没有进入考场给孩子送饮料的家长很羡慕。每当上午、下午考试结束，孩子进出考场，家长们一拥而上，给孩子送吃送喝、问长问短。

如今的孩子大都是独生子女，父母对孩子更加爱护合乎情理。问题是不少父母对子女过度保护，甚至是溺爱。父母对子女过度保护，这对孩子个性的发展与心理健康是极其不利的。

家长对小学生特别是对中学生的过度保护会使子女对父母的依赖性增大，使得他们处处靠父母，事事依赖父母，阻碍了独立性的发展。受父母过分保护的孩子，无论对家庭生活、学校生活还是对社会生活的适应性都差。

2.严厉惩罚引起子女心理失调

父母对子女严格的要求是必要的、应该的，对子女发展良好的个性、培养优秀的道德品质、促进心理健康都是有重要意义的。但是严格不等于严厉，严格更不等于惩罚。现在有些家长或者由于自己不良的性格，或者由于工作过于紧张而心情暴躁，或者由于缺乏科学的教育孩子的知识，对待子女采取严厉惩罚的家教方式。

一位12岁的中学生刘某某对我说，我爸爸经常因我考试不好而训斥我、打骂我，使我现在一看见父亲心里就害怕。我现在回家不敢看父亲的眼睛，我经常躲着父亲在自己的房间里。父亲不在家我可以自由自在，可以和母亲兴高采烈地谈我关心的事。只要爸爸一进家门，我愉快的心情会立刻消失，胆战心惊，恐怖的气氛笼罩着我。

我问这个孩子，你爸爸是什么时候开始这样对待你的。他说：在小学六年级时，我的学习成绩中等，我们学校在海淀区的教学质量处在中下。我爸爸听说我堂弟明年准备报考市重点中学，爸爸对我说，你和你堂弟现在都是六年级的学生，他能报考市重点中学，你报考不了市重点中学也得给我考上区重点中学。我跟爸爸讲，我们学校老师的教学水平远不如我堂弟学校老师的教学水平，我哪能跟堂弟比呢！我爸爸一听就火冒三丈，气急败坏地对我说，你算是没出息了，废物一个，将来准给我丢脸。

从此后每次我请爸爸在作业本上签字时，他都要训斥我。有一次期中考试我数学得了75分，爸爸打了我一顿，让我滚出家门，并且把房门打开推我出去，我吓得哭起来。我家对面的董阿姨闻声开门出来，问我爸爸这是怎么回事？我爸爸在走廊里当着别人的面斥骂我是个懒虫，脑筋不开窍，整天就知道吃，学习不行，简单的题都做错，是个废物。这使我的自尊心受到了很大的损伤，我感觉我是不行，没考好给爸爸丢了脸，我在邻居面前也丢了面子，感觉抬不起头来。

小学毕业我考上了家附近的一所三类学校，整个暑假我都是在爸爸的辱骂声中度过的。上了初中，由于我情绪低沉，学习成绩不好。回家后每天都是提心吊胆，生怕爸爸斥骂我，我觉得我现在越来越胆小怕事，自己的同学很活泼而我却变得唯唯诺诺。

父母的严厉惩罚的教养方式往往会造成子女退缩、胆怯、自卑等不良的性格，在一定的条件下会引起子女心理上的失调、心理障碍。

父母严厉惩罚的教养方式还会使子女形成暴躁、敌对、蛮横无理、说谎等不良的性格。

某中学初三的学生郝某某，同学称他为"南霸天"，这个同学性格暴躁，常因一些鸡毛蒜皮的小事与同学吵架，无理狡辩三分，说不过人家就动手打人，同学们都很怕他，他却得意洋洋。尽管他的学习成绩很不好，他却神气十足。

我曾经与他的母亲交谈过，他妈妈沉痛地说：他爸爸不但没管好他而且把他毁了。他的爸爸抽烟喝酒，脾气暴躁，从没耐心教育过孩子。他爸爸一不顺心我们母子俩就倒霉了，他常常拿孩子撒气。孩子六七岁时，一次吃饭不小心把饭碗摔碎了，他上去就打孩子一个嘴巴子，我说孩子也不是故意的，打了个饭碗你就值得这样打孩子吗？他爸爸竟然把饭桌给推翻了，还踢了我两脚。

上小学时他爸爸打骂他，他就敢顶嘴，有时敢与他爸爸对骂。一次他爸爸声称要打死他，他夺路逃走到他舅舅家住了四天，也不上学。到了初中，个子也长高了，力气也不小，他爸爸打他时，他有时也会还手，甚至用力一推把他爸爸推出几尺远，声称有力气就不怕。

到现在这孩子坏毛病多得很，睁眼说谎、无理狡辩、任性、粗暴、欺侮同学。我儿子这些坏毛病都是他爸爸给打出来的、逼出来的，这个孩子毁在了他爸爸的手里。他爸爸过去打孩子我经常跟他说，偶尔打打可以，常打不是个办法。他爸爸却说，棍棒出孝子，不打不成器。我现在常常跟他爸爸讲孝子在哪里？孝子不是打出来的，孝子是正确教育的结果。经常打骂孩子造成孩子不是胆小如鼠就是气壮如牛，我们的孩子可谓气壮如牛了，"小霸王"一个，将来等待他的可能是管教所。他爸爸现在也万分后悔，经常感叹地说，没想到打骂出逆子。

我对这位母亲讲："我们还是要拉孩子一把，他现在处在十字路口，推一把过去了，拉一把就回来了。俗话说浪子回头金不换，我想只要他父亲深刻地认识了打骂孩子的危害性，切实改变打骂的教养方式，并结合孩子现在的性格特点，学习一些有关教养子女的教育学、心理学的知识，与学校老师密切联系，相互配合，你的儿子还是有希望的，像你儿子这样的孩子被挽救过来的事例是很多的。

"教育虽然不是万能的，但是教育的力量是很大的，既然比你的孩子更横、更任性的孩子都可以教育过来，有什么理由不相信你的孩子能教育过来呢？我坚信你的孩子会教育过来的。"

3. 一个父母过分干涉的案例

某年"五一"节，我朋友的女儿小周到我家来找我，我问她怎么好久不来了呢？她说，"再有两个月就要高考了，忙得晕头转向，没有时间来看您。今天要不是我有急事求您也不会来的"。因为我知道她的父母现在都在国外，她可能遇到什么困难才来找我的。我说什么事赶快告诉我，伯伯一定帮你解决。她说，"就要报考志愿了，我拿不定主意怎么报，王伯伯您说吧，您说怎么报我就怎么报。过去我爸爸妈妈在家时，遇到什么事爸爸妈妈说怎么办就怎么办，我没什么主意"。

当我和她经过反复讨论初步确定了报考的志愿后，就与她讨论

怎么什么事都拿不定主意。她说：我小的时候，每顿饭吃多少，妈妈都给我规定好了。我吃多了妈妈总是说别吃了，别吃了，妈妈不是舍不得你吃，喜欢你多吃，可是吃多了长胖了多不好看。有的东西我不大爱吃，我妈妈就哄着我让我吃，说不吃营养不平衡，影响均衡发育。我穿衣服也总是妈妈给我买，有时我喜欢的衣服妈妈不给买，妈妈说这不好那不好。

我上初中的时候，穿什么鞋我都要问妈妈。我到鞋店去买鞋，很多种鞋我都喜欢，但我拿不定主意买哪种，我不知道妈妈喜欢哪种，有时还得回家问问妈妈我想买那种您看行不行，只要妈妈点了头，我的心才踏实了，才敢去买。

这些年生活条件好了，家里装了热水器，隔几天就可以洗一次澡。通常都是妈妈先洗，等我洗的时候妈妈总是叫我按照她调的温度洗澡，有时我感觉水热，我请妈妈再给我调低些。妈妈说不行，水热你忍一下没关系，温度调低了，洗了很容易感冒。

妈妈对我交往的朋友也是很挑剔的。我的一些要好的朋友星期天到我家来玩，有的朋友天真活泼，有说有笑，有时笑声很大。朋友走后，妈妈对我讲那个女孩子一点都不文雅，挺风流，女孩子风流容易出事，你以后少与她来往。这个女同学不仅是我小学同学也是我现在的中学同学，我很了解她。她的性情就是很开朗，做人很正派，从不交不三不四的朋友。

后来有个星期天我还是约了这个朋友到我家来玩，我妈妈一看这个同学来了就脸不是脸，鼻子不是鼻子的。这个同学看到我妈妈的表情，自然明白我妈妈不高兴她来玩，坐了一会就告辞了，我的朋友走后，我妈妈好言劝我，你小没有社会经验，缺乏判断能力，我吃的饭比你多，有社会经验，我一看这孩子就是不稳重的孩子，不太正经，你千万别跟她多接触，妈妈是为了你好。从此我和那个朋友真的疏远了，现在想起来也很对不起人家。

现在回忆起来，我爸爸妈妈对我的事情干涉得太多，当然我很理解我爸爸妈妈的心情，他们是出于对我的爱。他们要是不爱我哪有那闲工夫每顿饭管我该吃多少、吃那种饭菜，目的是让我长得不胖又不缺营养。

可是现在回想起来，妈妈过分干涉我，使我逐渐形成了没有主见、缺乏独立思考、犹豫不决、做事心中不踏实等习惯。就拿这次报考志愿来说吧，我们班有不少同学在与父母、老师商量后，果断地报了志愿。可是我呢父母不在家，心里慌了神，过去父母在家，都是爸爸最后拍板定案，所以我今天才找到您。

我看您的方法好。在全面分析情况充分考虑我的实力和兴趣，引导我从很多选择中让我来最后确定几个选择。我感觉我自己有了信心，感觉自己也有判断、选择、做决定的能力。今后我不能事事依靠爸爸妈妈，争取自己来处理。

我对她说有些重要的事情要征求父母的意见、征求老师的意见，会使自己的决定、自己的选择比较正确。在生活中很多小的事情，你完全有能力自己来决定、自己来处理，并在处理这类事情中逐步成熟起来。

4.一个母亲良好的关注方式

小杨原是某小学连续3年的三好学生，品学兼优，热爱集体，积极参加班级的集体活动。她经常帮助学习较差的同学复习功课，主动与同学交流学习经验与方法，学习成绩好，各门成绩都考得好。她性情活泼，老师、同学都很喜欢她。小学毕业时被保送到某重点中学实验班。

升入初中第一周，数学、语文摸底考试，两门课的成绩都在80多分。这使她很震动，也很失望。在小学时，她在班里无论大考或小考，她的成绩总是排在班里前三名，而且多数情况是排在第一位。在年级近300学生的排队中，总是在10名以内。

没想到初中入学摸底考试，她在班里55名同学中，数学排在第38名，语文考试成绩排在班内第42名。

平时回家总是说说笑笑、蹦蹦跳跳的小杨得知初中入学摸底考试成绩情况，放学回家后总是愁眉苦脸。妈妈非常关切地问，哪里不舒服，是不是病了？孩子说不是。妈妈又问，是不是与同学闹别扭啦？孩子说也不是。妈妈说那是考试摸底成绩不满意？孩子点点头。她妈妈看到女儿心情这样沉重，用手摸了摸她的头满意地对她女儿说，你考出这样的成绩就不错了。

女儿抬头用惊异的眼光看着妈妈，她妈妈说：我记得你们小学的同学曾几次参加区里奥林匹克数学竞赛，你也参加过。但你们学校都没有拿到名次。当时大家都不想参加，你们老师反复说重在参与，去锻炼锻炼见见世面，拿不到名次没关系，拿不到名次怕什么，你们这方面的基础太差了嘛。果不出你们老师所料，你们几次参赛没有一人拿到名次，大家思想都没有什么波动，也没有多大心理压力。并且参加比赛的同学还说，不比赛不知道，一比赛就看出了差距，人家是什么水平我们是什么水平，我们只有好好向人家学习了。

这次入学摸底考试前，我也忘了跟你谈谈，你若事前有个思想准备也不至于有现在的思想压力。你想想你现在念书的中学是北京市的重点学校，在全国都是有名的。什么样的学生能入这个学校，什么学生能入你们的实验班，这是尖子里挑尖子。你们班的同学都是各小学的佼佼者，你也知道由于各种原因你们小学的教学质量与其他小学比较是处在中下水平的，这个你们小学老师都给你们讲过多少次。你想想你们小学的尖子生与海淀区教学水平一流小学的尖子生比赛学习成绩，你们能赛过人家吗？这不正是和你们学校参加奥林匹克数学竞赛一样吗？这不是很好理解吗？现在初中入学摸底考试，如果你们学校的尖子生的考试成绩都超过了其他小学的尖子生，那才是不可理解的。

相对落后不要紧，只要看清了距离，通过努力就可能逐步缩短距离。一下子缩短距离也不可能，急不得，但只要努力，只要虚心向人家学习，只要方法得当，缩短距离是很有希望的，说不定有一天还可能有超过的时候。即便有一天你超过人家，人家还可能再超过你。

她的女儿的心情也大为好转，频频点头，并说妈妈我又有了信心，有了奔头。

父母对子女的理解与情感温暖就是一种心理沟通，父母与子女心理沟通了，才能在良好的心理气氛下交流思想感情，才能心理相容，才能说到一块儿。心理不沟通，双方没有共同的语言，双方就无法交流思想与感情。

理解、情感温暖就是信任，父母对子女的信任就是保护子女的自尊心，就能调动、发挥子女的心理潜力，产生积极的心理效应。

父母对子女的理解、情感温暖就是一种心理支持。心理支持是一种无形的心理能量，这种无形的心理能量就能产生有形的心理效应。表现在有良好的行为与习惯，遵守社会公德，遵守社会秩序，遵守学校纪律，学习成绩提高等。

我们上面讨论了父母教养方式的不同类型所产生的不同的效果，讨论了父母教养方式与心理健康的问题。这里我讲讲我们在北京市中学对903名学生进行心理测试的结果。

这个心理测试包括父母教养方式的测定与心理健康症状的测

定。结果表明，无论是父亲还是母亲，凡是理解、情感温暖的教养方式与子女的躯体化、强迫症状、人际关系敏感、抑郁、焦虑、敌对、恐怖有负相关，即说明理解、情感温暖的教养方式与子女的躯体化、强迫症状、人际关系敏感、抑郁、焦虑、敌对、恐怖、偏执都有关系，并且是负关系；不论父亲还是母亲，严厉惩罚的教养方式、过分干涉的教养方式、拒绝否认的教养方式、过度保护的教养方式，都与子女的躯体化、强迫症状、人际关系敏感、焦虑、抑郁、敌对、恐怖、偏执有显著的正相关。

这个研究告诉我们什么呢？学生的心理素质、心理健康都与父亲的教养方式、母亲的教养方式有密切的关系。天下父母都望子成龙、望女成凤，有愿望是好的。但愿望往往与现实不一致，甚至相反，因此不少家长往往怨天尤人，很少从自身的原因去思考、去探索、去寻找。

其实，家长望子成龙、望女成凤的愿望能否实现，实现到什么程度，很大的程度上与家长对子女的教养方式有密切的关系。

因此我殷切希望能看到这本书的家长对照一下自己，你是属于理解、情感温暖型的教养方式还是属于严厉惩罚式的教养方式，或者是过分干涉的教养方式，或者是拒绝否认的教养方式，或者是过度保护的教养方式。上面讲的5种教养方式是典型的，在现实的父母教养方式中，常常是一种教养方式为主，另一种教养方式为辅的混合型教养方式。例如，有的父母的教养方式可能是过度保护为主与过分干涉为辅的复合型的教养方式，有的也可能是严厉惩罚式的教养方式与拒绝否认式的教养方式的复合型。

如果你对子女的教养方式是理解、情感温暖型，就是说您对子女的教养方式是好的、积极的，那就应该肯定并加以发扬光大，您的子女的心理素质、心理健康也将得到巩固与发展。

拒绝否认型、过度保护型等其中的任何一种，都是不好的、消极的，对子女的心理素质、心理健康都有负面的影响。那就请您改变不良的教养方式，逐步学会理解、情感温暖的教养方式，那么对您的子女的心理素质、心理健康也会发生积极、正面的影响。

陆晓娅

中国心理学家，中华慈善总会理事，中国青少年研究会理事，中国婚姻家庭研究会理事，中国心理卫生协会危机干预专业委员会委员，北京心理卫生协会理事。电视专题片《青春心路》总撰稿。1991年创办"青春热线"心理咨询热线，开始投身青少年心理辅导和心理健康教育。现任《中国青年报》高级编辑、培训主管，"青春热线"总督导。代表作：《活出新感觉——"青春热线"咨询手记》、《横渡死亡之海》、《改变从心开始》。

父母的情绪管理

◇ 陆晓娅

　　首先，我想告诉大家的是，我也是一位妈妈，现在我的女儿十七岁，正处于青春期，大家应该都知道，青春期的孩子是比较叛逆、麻烦的，作为一个母亲，我也在经历着孩子成长带来的一些挑战，所以我也和大家一样。有没有人觉得做父母是一件很轻松、很简单的事情？没有人会这样觉得，做父母是很难的、很有挑战性的，做父母的需要面对很多挑战，所以做父母需要勇气也需要智慧。

　　下面我做一个小小的调查，在座的家长中从来没有打过孩子的请举手？好，没有挨过父母打的听众请举手？啊！在座的家长中没有打过孩子的要比没有挨过父母打的多，我很好奇，因为在我的经验中，挨过父母打的人要多于没有打过孩子的人。

　　我今天讲的主题是《父母的情绪管理》，我有个朋友是个成功人士，但他是个打孩子的爸爸，有一次当着我们这些朋友的面给孩子一个巴掌，孩子很委屈。后来孩子的人生发展得挺不顺利的，没有考上好的中学。他一直打到孩子十四岁，有一次他又打，孩子突然把他推开了，说："我恨你，全北京市都找不到像你这么打孩子的爸爸。"他就反思为何他从小也是挨父母打，却从来没有恨过父母，但现在儿子却恨自己。可能小时候我们的父母就是这样教育我们，或者说在他们的教育理念中打也是教育的方法之一。可是到了今天我们再去打孩子的时候，他们的内心感受是不一样的。为何我的朋友的孩子在挨打后会说找遍北京市找不到像他爸爸这样打孩子的？孩子为什么为有这样的爸爸而羞耻？因为今天的孩子可以通过很多渠道知道成年人不应该打孩子，我们有《未成年人保护法》，《保护法》告诉孩子父母不应当用暴力对待孩子。

几年前举办的一个培训班请了美国一个老师，我作为一个母亲也去参加这个培训班，那个美国老师说我们要做"父母"而不是"家长"，"家长"和"父母"这两个词一样吗？它们有没有差别？一家之长和父母是全然不同的，对于孩子来讲，一家之长是有权威的，从家长和孩子的关系来看，更多的是控制，而父母、孩子的关系从人格上是平等的。父母有很多宝贵的人生经验，这些很宝贵的经验对于孩子来说也是很有益的。但是，作为父母就要把控制变成影响，控制和影响虽然都是动词，但其中有微妙的不同。家长说什么孩子要听，但做父母的要想办法和孩子沟通、交流，不仅要让孩子听我的，最重要的是我要倾听孩子。我不知道各位父母，当孩子学习成绩差、在学校被别人欺负或者被老师批评的时候，你会听孩子说话吗？你有多少时间倾听孩子？特别是今天我们的父母都非常忙，没有时间倾听孩子，那么问大家一句话：你认为孩子重要吗？你认为重要的东西，你会不会把它排在前面，如果你认为孩子重要，你会挤出时间给他吗？《东方时空》的主持人敬一丹非常忙，有段时间《东方时空》改时间，她每周五去外地，下周一才回来，而当她回来的时候女儿已经去住校了，所以她就赶到女儿学校附近找个小饭馆和女儿一边吃饭一边聊天，这是她和女儿约定的交流时间，听孩子说话的时间。

我们为什么要进行情绪管理？我们常常看到媒体上有一些报

道，说家长把孩子打死了或打伤了，他们是天生的坏爸爸、坏妈妈吗？我们看报道就会知道他们在不发脾气的时候对孩子是很好的，对孩子的生活无微不至，打完孩子以后他们非常后悔。那是什么使这些家长情绪失控？用心理学的话说这些家长的理智已经被情绪控制了，不是他来管理控制情绪，相反他被情绪所控制。我想和大家讲一下脑科学研究的发现，上世纪90年代人们把它称为脑的实验。人的大脑可以分成几个不同的区域，其中有一个部分叫脑干，管理我们最基本的生存，如呼吸。第二个部分叫边缘系统，在大脑里面很深的部分，边缘系统非常有趣，管理我们的情绪、感情。比如有的人遭遇车祸，那么边缘系统就会把我们的恐惧、害怕记录下来，会本能的有反应，这时候就是我们的边缘系统启动。边缘系统会记录下我们各种情绪时的状态，在相同的情况下会迅速地调出这些情绪来。最后才是我们思考问题的一部分，即大脑皮层。相对来说，情感比理智要原始得多，在遇到外来刺激的时候，首先启动的不是大脑皮层，而是情感，情绪控制是让理智即大脑皮层那一块能尽快启动，使我们的情感受到控制。

为什么对今天做父母的人来说，要学习情绪管理？孩子年龄小，不知道爸爸妈妈为什么高兴为什么不高兴，他会觉得是他惹得爸爸妈妈不高兴，会认为我是一个惹麻烦的孩子、我是一个笨孩子的自卑心理产生，很多这样的信息收录到孩子脑中，孩子会形成一个对自己的看法，在他的成长过程中会对他造成影响。爸爸妈妈不高兴，孩子会处于自我责备的状态中，这是我们要学习情绪管理一个很重要的理由。还有就是父母的情绪很容易被孩子学去，一个23岁的年轻人给我写信，说他在一次情绪爆发时，他爸爸心脏病发作去世了，他总认为是他把他爸爸气死了，非常内疚。他说他爸爸是个特别暴躁的人，经常打他和他的妈妈，他小时候总在想长大后一定不要成为这样的人。但他从小积累这么多的愤怒，他不可能不成为这样的人，他就从他爸爸身上学到这样处理情绪的办法。长大以后他脾气也非常暴躁，打他爸爸，最后造成他爸爸心脏病发作去世的悲剧。有的家长生气什么都不说，有的家长生气就非常暴力，劈头盖脸一顿打骂，这样的情绪孩子都会学到的。学习控制情绪，受益的不只是我们，还有我们的孩子，甚至是我们的下一代。

很多朋友知道EQ这个词，EQ是如何处理和管理我们的情绪？伴随着我们的情绪我们会有一些想法，当我们有一些情绪和想法的时候，我们会做一些事情，你的行为、反应会不会对孩子有影响？我们很多家长会被叫到学校去，老师会像教育孩子一样教育家长，我们有情绪的时候会有一些行为，有的行为是好的，但也有一些行为反过来会很糟糕，会影响你和孩子的关系。如果你被老师教育一顿，回家"啪"的给孩子一个嘴巴，孩子的感觉是什么？他可能感到委屈、羞耻和伤心，这将影响到你和孩子的关系。人的情绪往往是外界的刺激引起的，本来你很高兴，但你家孩子把邻居家的玻璃打碎了，或者你让孩子睡觉但孩子就是不上床，又或者孩子为了买东西在商店里又哭又闹，你的感受是什么？人是有意志力的，但到一定程度的时候，意志力也是无法控制你的情绪的，你的身体还是会产生变化，心理学家研究发现，再喜怒不形于色的人生气的时候，身体也会产生变化。有一张克林顿和希拉里的照片，他们想表达他们是一对亲密的夫妻，你们觉得有什么问题吗？他们是不是处在很好的状态，真的很亲密？但我们看他是这样，克林顿放在希拉里肩上的一只手，其实是很用劲很僵硬的，希拉里的表情有些不自然。当我们情绪强烈到一定程度的时候，想掩饰是很难的。

我们有很多强烈的情绪，比如生气、愤怒、焦虑，其实孩子很聪明，会感觉出来的。和大家说一个问题，父母在教育抚养孩子的时候，常会出现焦虑、失望，我不知道各位是否体验过无助的感受。出现负面情绪正常吗？在养育孩子过程中，伴随这些负面情绪非常正常。作为一个正常人，在教育抚养孩子过程中一定会有挫折，伴随这些挫折一定会有负面情绪。但对同样的事情，我们的情绪、反应一样吗？比如说有一个读小学一年级的小孩数学考了71分，做家长的感觉是什么？开心吗？不开心，好多人在摇头。对于一年级的小学生来讲，数学考90分以上是很正常的，甚至考95分、100分都很正常，有相当多的孩子考100分，而这个孩子考了71分，有的家长特别沮丧，而有的家长不是那么沮丧。孩子踢球把邻居家的窗户打破了，有的家长暴怒，有的家长生气不暴怒，情绪反应是不一样的。这些不一样很有意思，此家长愤怒到了十，而彼家长愤怒到五，十和五的反应一样吗？可能不一样，五的家长没有那么强愤怒的时候，行为会柔和一些，到十的家长可能会"啪"的一巴掌。

为什么不同的人对相同的事情反应会那么不同？在抚育孩子过程中会遭遇很多负面情绪，很多人觉得管不住自己，火气"腾"的一下就爆发了，我说的是情绪不是心灵上的感觉，如果你说"我没有办法控制自己"，那么巴甫洛夫做了一个实验，刺激会有反应，但是在刺激与反应之间是有空隙的。我有个男性朋友脾气极暴躁，太太出差回来，他做了一桌饭菜，太太是个非常没有自信心的人，当这个男人让她吃菜时，她总是说"你吃吧"，这个男的脾气很暴躁，就把桌子给掀翻了。就是这样一个脾气暴躁的人，到后来他女儿上初三的时候，有一天女儿把自己关在房间里，他觉得有事情发生，就去敲门，女儿过了很长时间才把门打开，他发现女儿在看色情光盘。他说他的脑袋"嗡"的一声，他原来那么暴躁的脾气，但在控制以后，他先想了一下如果立刻爆发会怎么样，他停顿了6秒钟，最后离开了女儿的房间。人能控制自己的行为吗？这么暴躁的男人能成长到这么快地控制自己的情绪，我非常感动。

我也是慢慢在成长，我女儿在小学的时候，周末早晨起来会先完成作业。但有一个周末的早晨她先去看动画片，我知道她的作业没有完成，那个时间正好动画片没有了，她坐在那儿随便看一个外国的电影，我说"你回去做作业"，她回到房间后我听到书掉了笔掉了的声音，这个时候孩子不是很安心地在做作业，她没有看成心爱的动画片，她非常沮丧，情绪带到做作业的过程。这时候我有情绪吗？当我听到一会儿书掉一会儿笔掉的声音的时候，我感觉我也有情绪，这个时候我想我要怎么办？我当时马上就要爆发了，如果我爆发的话，那么这一上午，至少两个小时她什么也别做了，我什么也别做了，她肯定哭，我肯定心情也不好。于是我走过去对我女儿说："我知道你很沮丧，我给你三个选择。第一个选择是你到楼下玩玩，让情绪释放，然后上来做作业。第二个选择是接着看电影，午饭前把作业写完。第三个选择是现在控制情绪把作业写好。"大家觉得她会选择什么呢？大家可能都希望她很理性地坚持把作业写完，但非常不幸，她是个小孩，所以她选择的是去看电影。虽然那时我很失望，因为我希望她能很理性地做作业甚至下去玩一圈，但我接受她作为小学生的选择，她看完电影情绪调整过来之后在午饭前把作业做完了。这是个双赢，孩子没有哭闹，我也安心做家务，没有把我和孩子关系弄得很紧张，孩子也完成了作业。我已经把要吼出来的东西压下去了，在这之间发生的转变就叫情绪管理。当我们不能管一和二的时候，我们要管三，要管我们自己能够支配的部分即我说什么、我做什么、我有什么样的表情。一有困难就暴跳如雷是把情绪管理的责任都交给了别人，你是被刺激你就反应，我们要在刺激和反应之间控制，当有一个外界的负性的刺激的时候，我们要做三件事：第一件事是觉察。觉察我有情绪，那种很生气的感觉在我身体里升腾，知道我生气叫觉察。第二件事情是有一个内在的对话，问问自己如果发作会怎么样，在上面的例子中就是两个小时我和女儿什么都没有做都困在那里。第三件事是作出一个决定，要不要发火．有没有比发火更好的办法。这时候你就不是受制于人了，你就是自己情绪的主人，你对你的情绪负责而不是让你的孩子对你的情绪负责，如果你让孩子对你的情绪负责，那么就没有给孩子树立好的榜样，你可以选择生气用打骂处理，也可以选择用别的办法来出气。我们来看一些情况，有些人说没有办法控制自己的情绪，确实在很多情况下我们叫做自动化管理，理智没有开动，全部是由情绪囊，即边缘系统控制，这是一种本能的原始的反应。为什么会出现这样的自动化管理？是和你自己早年的经历、创伤性的经历相关。常常是因为你小的时候也曾经是父母恶性情绪的受害者，这些情绪都会被你记录在你大脑的边缘系统中，一遇到恶性刺激就启动了。我们都知道现在很多妈妈会得产后抑郁症，心理学研究发现这些人中很多都是童年没有得到父母充分关爱的，所以自己当妈妈的时候，就会得产后抑郁症。很多人为什么会控制不住自己？就如同我的朋友打孩子，他从小就被父母打，所以他身上有很多情绪的按钮。你们在日常生活中观察，如果某一个事情，你的反应特别快的时候，往往和两个事情有关，一个是自我评价，一个是残留的情绪。前面我们说有一个一年级的小孩数学考了71分，如果孩子考了71分，你觉得你自己是很差的父母，觉得孩子很笨、遗传不好，对自己看法糟糕的时候，情绪就会不好。孩子上课睡觉，你会觉得孩子给你丢脸了，这件事就变得无比严重，你就不是客观看待这件事情，这时你的情绪会特别强烈。还有一种情况，比如孩子到商店买东西，他躺在那儿又哭又喊，你会觉得他给你丢脸，你会难受，情绪会强烈。很多时候和父母的面子一相关这件事情就麻烦了。在今天的社会里，我们总在比较，看别人的孩子考上清华了，别人的孩子怎么怎么样了，一比较我们就觉得没有面子，本来这件事情只是2，和面子一挂钩就变成6了。残留的情绪就是因为过去我们生活中很多受创伤的经验会影响今天我们对问题的反应。有一年的十一长假，原来我在陕北农村插过队，我回去看望老乡，我说带我妹妹一起去，我妹妹却突然爆发了，说："你能吃的苦我也能吃，你能干的事我也能干！"她的情绪为什么突然那么强烈？她的记忆中记录着什么东西？我学了心理学，我不生她的气，我带她去玩她为什么急了？一定是她小时候要么是我的父母，要么是她的老师说过：你看你姐姐多优秀。对于一个小孩来说这是多么大的伤害。这些话记在她大脑的记忆盒里，当我说带她去玩的时候，自动化的扳机就打开了。我们的父母如果有很多的情绪，可能你的童年有一些被父母伤害的经历，这些东西在今天还在影响着你，虽然那时我们的父母什么都不知道，用他们的父母的东西教育我们，但那些伤痛在影响着我们。如果一个人从小受过很多伤害，尤其是被生命中最重要的父母言语或身体虐待，长大后内心积累很多，情绪在很多小事上时常爆发，人际关系变得特别敏感。有一个老太太已经七十多岁了，她老觉得别人歧视她，通过交流我了解到从小她家里孩子很多，在家里她是最不受父母喜爱的，被父母指责、否定，七十多岁了她还是总觉得自己是被伤害的人。

我们到底如何管理情绪？父母最容易产生的负面情绪是什么？一个是愤怒还有一个是焦虑。今天的父母简直焦虑死了，从孩子上幼儿园就开始焦虑。下面和大家分享一下如何处理我们的愤怒和焦虑，以及愤怒和焦虑的背后都有什么？

心理学家研究发现，人生气时有四种不同的处理方法，你们最习惯于选择什么样的方法处理你们的愤怒？

第一种是压抑。

装成没事给吞下去，你觉得那个人重要、不敢得罪，就只好压抑自己。

第二种是攻击。

用很难听的话或者打骂指向让你生气的对方，你常常觉得对方是你能够控制的人，相对于成年人来讲，孩子是弱者，父母在外头受气回到家和孩子发火。

第三种是找个合适的人倾诉。

如果找的人不合适会火上浇油。

第四种是把这种关系躯体化。

引起生病，头疼、皮炎，很多皮肤病都是心理上出问题的征兆。前些天我给一个上大学的女孩子做心理咨询，因为她的妈妈是个控制欲特别强的人，她最近考研究生，决定放弃法律专业，她妈妈很生气要和她断绝关系，这个女孩子的皮炎突然严重得发作了。

这四种方法中当然最有利的是第三种。我想告诉大家一点，应该说是一个秘密，其实情绪是有很多种的，愤怒从来不是第一种，愤怒是一个，在这之前还有别的情绪，小孩惹麻烦我生气，小孩打了别人家的孩子，在生气前还有别的感受，仔细想一想，这是你控制生气的重要的事情。举几个例子，有个小女孩，乱蹦乱跳差点摔坏了，你会生气，在你生气之前你有什么情绪？有担心有害怕，原来生气并不是你的第一反应，你怕她摔倒。你带孩子到公园玩，孩子丢了，好不容易找到后你会对孩子大吼，在找到孩子之前有焦虑担心的情绪。孩子学习成绩下降，你被老师找去了，回来你和孩子谈话，孩子气你的最好办法是不说话，那时你气得想打他，在你生气之前你还有什么感受？你还有别的情绪吗？失望、沮丧。这样一些情绪是比生气更早地出现，可是因为生气起来了，愤怒出来了，这些情绪被埋在愤怒下面，如果想管理愤怒，非常重要的一件事是很快找到愤怒之前原生情绪是什么，可以去表达这些原生情绪，如何表达愤怒？非常快的知道你生气了，生气的时候身体会有反应，哆嗦、出汗、声调提高，看到小孩害怕也会有别的反应，你要知道你生气了。

如果不知道生气了该如何管理呢？情感被理智打败了，理智和情感之间如果想让理智开动，一定要有一些时间不让它发生，一旦发生了你就控制不了了，你怎么样利用好这几秒钟让你的情绪控制住？有一些很简单很具体的办法：

第一，最容易做的事情是离开情绪现场。

你生气了，马上就要吼出来，你离开一会儿，让自己稍稍安静一些。为何有的家长会把孩子打死，打完了他把情绪宣泄出去，打完之后很痛快。在你开始释放时，情绪没有降低，反而更加高涨，很多家长都是越打越来气，所以要在第一时间不要让它发生，你要离开情绪现场。

第二，下电梯。

我的情绪已经像坐电梯升到第十层了，我要让它下降，当情绪能够从最高层降到往下一些的时候，就容易被你控制住。

第三，数数。

我那么暴怒的朋友数了十下就控制住了，我们在学校里教一些情绪比较容易失控的老师，让他们拿个纸条放在口袋里，当被孩子气得不行的时候捏一下纸条让理智开动。

第四，深呼吸。

通过呼吸让你自己平静下来，让你的情绪不再失控。很多和情绪有关的词都和"心"有关，比如愤怒、忧愁。最近发现大概有四万个神经和大脑是连通的，当你调整呼吸的时候，它会有助于你的情绪管理。最近我们教一些企业、高压部门通过呼吸来管理压力，管理压力重点是管理情绪，通过呼吸可以让情绪得到平复。

在刺激和反应之间有一个内部对话，对话是我们对事情的看法，我觉得孩子让我丢脸是一个看法，它使得我感觉很生气。如果我的一些看法变了，我就可能会很平静。一个一年级的小学生数学考了71分，做父母的通常会有什么看法？你会如何看这件事？老师会如何看这件事？通常第一个看法是孩子笨、智商低，觉得孩子天生不聪明。第二个看法是孩子不努力、不用功。但是一个孩子考71分，有没有可能是第三个原因呢？很可能是第三个原因。其实那个考71分的一年级孩子就是我的女儿。有一次放学我去接她，开始她还又唱又跳，后来就不唱不跳了，和我说她考了71分很不开心。我当时也是懵了，感觉很沮丧，认为是不是孩子智力有问题，如果我的看法是这样的话，认为孩子很笨，那么我会对她放弃希望。如果我觉得是她不用功我就会责备她不好好复习，孩子会觉得很委屈。但我很好奇，我把我的孩子很笨、不用功这两个现成的看法放下了，我把它变成一个问号，为什么她会考71分？我去看她的卷子，发现一年级的数学卷子的题目居然用很多汉字去表达，老师说题的时候说一遍她没听懂，我明白后告诉她下次考试时老师讲卷子要听，不要急着做题。到期末考试的时候，考试之前10次测验我的孩子9次100分、一次99分。她的智力没有问题，如果当时我就认为她笨我很失落，或者认为她是个不用功的孩子批评她，那么这个孩子很可能在小学第一次考试就被毁了。有个孩子初中第一次考试60多分，第二次50多分，老师找家长，我告诉孩子要放松，上初中有一个适应期，这个孩子今年高考成绩不错，家长的焦虑如果传给孩子反而把孩子给毁了。

我们怎么样才能改变我们的情绪呢？最重要的是接受孩子的不完美。孩子在上学前家长很快乐，孩子一上学家长就不快乐了，因为考试成绩一出来就很令人失望，孩子不像你想像得那么优秀，接下来就是愤怒。我可以接受我的孩子不那么完美不那么优秀吗？孩子的健康成长是你无条件的爱，什么是无条件的爱什么是有条件的爱？你是个优秀的孩子我爱你，这是有条件的爱，孩子为爸爸妈妈增光添彩就爱你，给爸爸妈妈丢人就不爱你。孩子这件事让你很失望，但妈妈仍然爱你，这是无条件的爱。虽然对这件事情失望，但接纳孩子的不完美。好比一个训犬者，一个真正爱狗的人不管狗多老多丑都会爱它。我们要能够接纳一个不完美的人。当孩子出现很多令我们失望的行为的时候，你不要急着下判断，你先多点好奇心。如果孩子老上网，我们会害怕他沉迷网络，那么增添些好奇心，看他到底在网上做些什么，他在网上做的事情给他带来什么。对沉迷网络的孩子，我认为一些媒体说网络害孩子不对，大量研究发现，在家庭中得不到父母关注的孩子，在学校里学业很失败的孩子才会沉迷网络，利用网络填补他们内心的空白。因为孩子学习成绩不好，但打游戏有成就感，为什么他不喜欢呢？把这些东西变成好奇心，抱着好奇心去看的时候就没有那么多愤怒了。这些孩子没有朋友或者是很失败，所以要在网络上寻求这样的心理满足。要从正面理解孩子的心，甚至他沉迷网络，通过网络排解孤独也是一种能力，用这样的方法解决自己的孤独感，先给孩子一个正面的肯定，再去探索背后需要解决的问题。我们用六秒钟以内的时间把情绪控制住，和自己有一个对话：我到底要怎么办？要不要发火？我要做些什么？问题还在，还有一个处理方法是找个人说一说，讲讲孩子最近怎么样，讲讲自己的心情，找的人是能让你平静的而不是火上浇油的。还有一个很好的处理办法是你去书写，现在有的人会写博客，或者通过微信，可以和很多家长去分享你的感觉。书写是把情绪放下的过程，我从怀孕开始写妈妈日记，写到我女儿初中，两个情况下都会写。一个是开心，孩子有一些特别的进步，如学会走路。还有很不开心的时候，很挫折的时候也会把过程写下来，写下来的过程是帮助我平复自己情绪的一个过程。还可以通过运动帮助你平复情绪，丢下负面的东西。运动是个非常好的事情，成年人压力很大，运动对于人的心理健康有非常重要的作用，在运动过程中大脑会分泌让你兴奋和平衡的化学物质，抵消让你不快乐的化学物质。

　　下面我还要教给大家处理自己愤怒简单有效的方法，即用"我信息"不用"你信息"。我们常常会指着孩子说"你……"这是个攻击性的动作，当孩子有情绪的时候，我们还不让孩子哭。"你信息"是非常具有攻击性的，当我们很生气的时候，我们可以学着用"我信息"，我们不说"你"而说"我感到"。前面讲到生气不是第一反应，是次反应，把我首先的第一情绪说出来，比如我很失望、很沮丧、很无助，很多家长担心对孩子说"我感到很无助"没有权威，如果你想当活生生的有负面情绪的父母，告诉孩子你也很无助，你是在推他让他承担一些他的责任。把你放在脆弱的地位是很冒险的，但可以试一试。告诉孩子我很无助，孩子要想他该怎么办。你说"不是和你说过了吗？不许上窗台！"那是在指责孩子，现在反过来，"你上了窗台，妈妈很害怕，担心你从窗台上掉下来"，他会感觉到你是在关心他。孩子晚回家，你很生气，首先你是担心和焦虑，你告诉他："你这么晚回家，妈妈很着急，怕你出了什么事情。"他会感觉不回家的行为对你造成的是这样的影响。孩子不自觉学习，你很失望，告诉他"你上初中还不能自觉学习我很失望。"有一个父亲有一对双胞胎儿子，和孩子谈了半个多小时的话，孩子不出声，爸爸很生气，突然想起"我信息"，说："爸爸真的特别失望。"孩子接受到这样的信息，会有很多的情绪出来，会有自责，能够想自己应该怎么办。这是冒险，但其实是让孩子更多地承担人生责任。"我信息"有几个作用：把自己的情绪降下来。我生气时会说"我特别生气"，它已经在意识里而不是潜意识里，把情绪指数降下来了。不用"你"的时候对方不再防御，更愿意打开心扉和你说。因为很简单，没有一个人喜欢被否定、被批评，哪怕是一个孩子，他不喜欢人说他笨，说他不懂事、不听话，每天这样评价孩子他会很难过。当你用"我信息"时也传达了自己的想法，且对方没有感觉被指责、被批评。

焦虑是家长非常常见的情绪，现代社会是充满焦虑的，家长为何这么焦虑呢？第一个原因就是我们会把自己没有实现的期待放在孩子身上，我们没有上大学就希望孩子上大学。第二个原因是和别人比较，我们最喜欢说的话就是"你看谁谁"，我女儿曾经两次警告我说我又把她和别人比较。第三个原因是我们都希望自己的孩子好上加好、特别完美。第四个原因是当我们没有支持的时候，我们特别焦虑。第五个原因是我们处理问题的能力不足，很多事情家长都需要和老师沟通，但家长没有。还有很多家长缺乏知识，小孩写字写得不好看，拿橡皮擦了再写，往往会把纸写破或写成一个黑疙瘩。懂一点知识的人都会明白，对于大人来说很简单的写字，但因为孩子大脑协调小肌肉的能力没有发育好，不管如何努力都写不好，家长这时不要让孩子再写几遍，反复练习，而是要激励孩子。我会告诉孩子："别着急，等你发育好的时候就会控制。"这样孩子没有压力。知识能够帮助我们，如果只说别人家的孩子写字漂亮，孩子会觉得自己挫败。

我们如何管理焦虑？

第一，改变我们自己一些不合理的心理。

我们常常觉得孩子小，他有什么需要我们就应当满足他，这是个错误的观念。在孩子成长的过程中，要慢慢学着一些事情让他们自己去满足，孩子需要得太多了，你不可能什么都满足他（她），当你不能满足他（她）的时候，你会对自己有很多的责备。

我必须要让我的孩子接受最好的教育，上好的幼儿园才能上好的小学，上好的中学才能考上好大学，如果不上好中学可能就考不上大学。难道考上清华、北大就是成功吗？前几天我见到一个心理咨询师，他说在清华、北大总能遇到心理障碍比较严重的孩子。上最好的大学就是人生目标了吗？孩子就是成功的吗？我曾经和一位大学教授通信，他的孩子在哈佛大学读书，但在哈佛大学跳楼自杀了。线性发展是很奇怪的，就这样能保证孩子的人生是成功的吗？一些孩子会在成长中出现问题，家长要做的是怎么样让他成为身心健康、全面发展的孩子。搞幼教的人总是说不要让孩子输在起跑线上，这是一种错误的观点，即孩子开始输就会一直输。人生的发展不是一条直线。我孩子上初中时的学校是相对不错的，中考时虽然成绩继续留在那儿没有问题，但我们下决心让她离开，因为孩子太压抑了，孩子在那样的环境中每天写作业要写到十一二点，生活中所有的爱好都不可能去发展，虽然那个学校升学率很高，但会毁了孩子。我的孩子现在上高中，她说有一个很棒的班级，身心健康好了很多，我认为她有可能考上更好的学校。

　　希望家长不要被这样一些错误的观念影响和左右。更重要的是，我们的需要和孩子的需要是不一样的，有很多时候我们让孩子去做这个去做那个，是想证明我是一个合格的家长，证明我是一个负责任的妈妈，而孩子真的需要吗？真的想那样做吗？那只是你满足自己虚荣心罢了。要分清楚你应当做什么不应当做什么。我想这句话可能很多家长都没有认真思考过：我们把孩子培养到最后，要做的一件事是让孩子离开我们。这可能会很艰难，但这是个必须经历的过程。一个大学生找我咨询，他非常听话学习成绩很好，考上大学了，妈妈送他到北京，坐飞机返回时就受不了了。她把自己太多的东西放在孩子身上，丈夫和她关系不好，她把全部的希望和注意力都放在孩子身上，和孩子关系极为密切，一旦孩子离开家长就受不了了。同样，孩子上大学后发展也不好，开始做很多出格的事情，这是因为他在小学、中学的时候，妈妈为了让自己感觉好过一点，对他过分关照、过分重视，表面上看孩子很成功很优秀，但后来的发展就受到阻碍。

　　如果你总是觉得孩子是你的脸面，你就会常常觉得自己做得不好、不够，会很焦虑。如果你能接纳孩子的不完美，同时也能接纳自己的不完美，心态就会平和得多。给很多家长一句话：做一个百分之八十的好父母就可以了。很多父母觉得不能犯错误，不犯错误的家长是没有的，当我们老是觉得自己做得不好的时候，你会有很多情绪，这些情绪一定会在某个时刻爆发。饶了自己，承认我有的时候会犯错误，我有的时候很无助，接纳自己，不追求完美，你的心态是放松的、从容的，你的孩子将会因为你的放松和从容而拥有一个更宽广的成长环境。如果你整天是紧张焦虑的，孩子也会受影响。我一个朋友的孩子学习成绩下降，因为他的妈妈太焦虑了，我告诉朋友让他太太离开，当他太太离开后，焦虑的情绪不再传达给孩子，孩子的成绩反而上去了。一个焦虑的妈妈反而会使孩子成绩更加不好，一个从容的妈妈很信任孩子，孩子反而会更努力。就是这样一个奇怪的过程。

还有一个很重要的问题，我们教育孩子是很复杂的，我们面对复杂的社会，不可能像父母教育我们那时那样单纯。我们小时候电视都没有，现在孩子不光有电视，还有很多其他媒体，受很多复杂东西的影响。做一个好的父母必须学习很多东西，和孩子沟通，听懂孩子、理解孩子。这些能力越强，你的焦虑感就越低，当你觉得有能力处理事情的时候，你就会放松和从容。做父亲母亲，沟通的能力非常重要，最重要的不是你说什么而是你听孩子说，你有本事让孩子把心里话说出来，当你的孩子什么都不想听你的时候，你想影响孩子都没有可能，你说的话都有道理，但都打在橡皮墙上。提高你听的能力，只要孩子愿意和你说，在成长过程中碰到问题就不害怕。孩子什么都不和你说，突然告诉你怀孕了，家长很意外，就是因为家长和孩子没有沟通好，家长有什么问题可以提出来，我们共同探讨。

家长：孩子暑期想参加夏令营，看到电视上一些灾难的报道，特别害怕、特别担心。

陆晓娅：妈妈的担心是可以理解的，我想可能有一个很重要的问题，今天的社会是危机四伏的，难免会碰到这样那样的危险，如何把焦虑变成帮助孩子成长的行为？应当是教给孩子保护自己，教给孩子遇到危险时一些逃生的本领。如果我们因为担心孩子而不让孩子参加任何活动，孩子会认为自己是没有本事的，必须要爸爸妈妈来保护。一些大学生上了大学之后一遇到困难就会打电话给父母，让父母来帮忙，孩子永远长不大，这是不可以的，有些事情是需要他们自己搞定的。可以先慢慢让他参加近处的集体活动，然后再参加离你更远的一些活动。最重要的是孩子一定会碰到危险，没有危险是不可能的，社会是充满危险的。关键是遇到问题怎么办？

家长：最近很多单位只要男生，那么女孩子的培养方向是什么？

陆晓娅：我也碰到过这样的情况，《中国青年报》招聘的时候，我去报考，当时我27岁，人家说我年龄大，我说旁边参加考试的男人已经30岁了，为什么让他考试不让我考试，不是规定30岁以下就可以参加考试吗？后来我参加了考试，而且当时的考试成绩还不错。这个社会对女孩子会有很多限制，但我觉得不要因为这样就不去培养和鼓励自己的女儿，现在很多单位有这样的事情，但并不是完全没有机会。传统社会中在农村你有力气你就有机会。在今天的这个社会中体力、智力都不再是那么重要，重要的是情商。女性人际沟通的能力、交往的能力都很强，很多女孩子求职第一关不好过，但一旦进入职场后发展机会是非常多的。很多工作还是适合女孩子的，比如公关、记者，不要对女孩说不要发展自己，如果她受到挫折的时候，要去想如何更好地推销自己，也许你还有更好的机会去推销自己。

家长：我也是一个老师，我想和家长一起打造一个快乐班级，有些家长认同，但另外一些家长认为没意义，希望把重点放在成绩上。

陆晓娅：我很欣赏这位目光长远的老师。很多家长觉得孩子去玩就会影响学习。在北京一所很好的学校，小学一年级的学生入校后，每周只上四天课，剩下一天时间去玩，可能去博物馆或者孩子选择的地方，已经几年了。这个班的孩子不仅学习成绩出色，而且团队合作精神、情绪、身体都比每周上五天课的孩子更出色。有一次让孩子根据蜗牛提问题，这个班的学生提了七八十个问题，思维非常发达。有一些家长认为只有重复性练习才是学习，才能提高成绩，当重复达到一定程度的时候，心理学上有一个词就是到了临界，就产生厌恶，我们一生都要学习，当孩子厌恶的时候不可能爱学习。老师要帮助家长理解玩中学也是学习，创造性是非常重要的，亚洲学生缺乏创造性，大量重复性练习使孩子对学习产生厌恶。